I0168258

Carol. le Brun i. Bател Sсul.

LA TRAG QVE TRII COMED 1634

L'AMOVR
TIRANNIQVE,
TRAGI-COMEDIE.

Par Monsieur DE SCVDERY.

CVRVATA RESVRGO

A PARIS,

Chez AVGVSTIN COVRBE', Imprimeur
& Libraire de Monseigneur Frere du Roy, dans
la petite Salle du Palais, à la Palme.

M. DC. XXXX.
Auec Priuilege de sa Majesté.

A MADAME,

MADAME

LA DVCHESSE

D'AIGVILLON.

MADAME,

C'est plustost par l'impatience publique, que par ma propre inclination, que ie me porte à faire imprimer cet Ouurage que ie vous offre : Car apres la gloire qu'il a eu, d'estre representé quatre fois deuant Monseigneur, & deuant vous ; apres les choses que S. E. en a dites en presence de toute la Cour; apres l'honneur qu'elle m'a fait, de vouloir auoir ce Poëme en manuscrit dans son cabinet; & apres le rang que vous luy auez donné tout haut, parmy ceux de cette nature; ma plus ardante ambition est tellement assouuie, qu'elle ne trouue rien à desirer. Certes si celuy qui disoit, *qu'vn homme luy estoit tout vn Theatre*, eust eu comme moy le GRAND CARDINAL, & l'incomparable DVCHESSE D'AIGVILLON pour Approbateurs, il n'auroit pas enfermé sa pensée dans des bornes si estroites : Et sans doute il eust dit aussi bien que moy, que ces deux Illustres Personnes luy auroient tenu lieu de tout le monde. Aussi vous puis-ie asseurer, MADAME, que ny Monseigneur, ny vous, n'aurez pas sujet de me demander, *pour combien nous comptes-tu?* comme fit vn grand Capitaine à l'vn des siens, qui s'estonnoit du nombre des ennemis, puis qu'il est vray que ie vous regarde & l'vn & l'autre comme si vous estiez toute la terre; & qu'apres

vous auoir satisfaits, ie suis pleinement satisfait moy-mesme : Ie dis pleinement satisfait, MADAME, pour ce qui touche ce
Poëme : Car il est certain qu'à parler plus
generalement, ie ne le feray iamais, iusqu'à
tant que par mille soins, & par mille deuoirs, ie puisse estre assez heureux, pour
vous obliger à croire que ie suis,

MADAME,

Vostre tres-humble & tres-
obeïssant seruiteur,
DE SCVDERY.

LES ACTEVRS.

OROSMANE, Roy de Capadoce.

TIGRANE, son fils.

TYRIDATE, Roy de Pont.

ORMENE, sa femme, fille d'Orosmane.

POLYXENE, femme de Tigrane, & fille du Roy de Frigie.

TROILE, fils du Roy de Frigie, & frere de Polyxene.

PHARNABASE, iadis Gouuerneur de Tyridate.

PHRAARTE, Lieutenant General de Tyridate.

CASSANDRE,
HECVBE,   } filles d'honneur d'Ormene.

EVPHORBE, Capitaine Frigien desguisé en Païsan.

TROVPE des Gardes de Tyridate.

TROVPE d'habitans.

La Scene est deuant la ville d'Amasie, capitale de la Capadoce, en l'Asie Mineur.

L'AMOVR

L'AMOVR TIRANNIQVE,

TRAGI-COMEDIE.

ACTE I.

ORMENE, CASSANDRE, HECVBE, TIRIDATE, PHARNABASE, PHRA-ARTE, troupe de GARDES, OROSMA-NE, POLIXENE, TIGRANE.

SCENNE PREMIERE,

ORMENE, CASSANDRE, HECVBE, ORMENE..

DIEVX, qui voyez les maux dont ie suis *Elle sort d'vne Tente.*
　　poursuiuie,
Accordez-m'en la fin, en celle de ma vie,
Et ne permettez-pas qu'vn cœur au desespoir
Murmure contre vous, & manque à son deuoir:

A

Assez, & trop long-temps, ma pauure ame abatuë,
A souffert les rigueurs de l'ennuy qui la tuë:
Assez, & trop long-temps, vn infidelle espoux
A mesprisé ces pleurs qui s'adressent à vous.
Il est temps, ô grands Dieux, de finir mon martyre;
Accordez-moy la mort, puis que ie la desire:
Et ne refusez pas à ce cœur langoureux,
Le remede asseuré qui reste aux mal-heureux.
Ie ne demande pas que ma fin soit vangée,
Car ie ne change point, quoy que l'on m'ait changée:
I'aime encor Tiridate inconstant comme il est;
Ie croy deuoir haïr tout ce qui luy déplaist;
Puis qu'il veut mon trespas, ie le tiens legitime,
Et ie veux que ma mort amoindrisse son crime:
Fasse le iuste Ciel en m'ostant la clarté,
Qu'il puisse aimer ailleurs sans infidelité.

CASSANDRE.

Exemple merueilleux de l'amour conjugale,
Que vous faites bien voir que rien ne vous égale,
Puis que dans les rigueurs, & dans le changement,
Ce cœur tousiours constant aime si cherement.
Que vostre Majesté s'il luy plaist se console,
Et pour se consoler, s'asseure en ma parole,
Qui luy promet qu'vn iour les Dieux auront pitié
Des maux que le Roy fait à sa chaste amitié:
Et qu'il luy donnera la palme meritée,
Adorant la vertu qu'il a persecutée.

HECVBE.

Mais, Madame, souffrez, que ma compagne & moy
Sçachions quel est l'objet qui charme ainsi le Roy,
Nulle Dame à la Cour n'en paroissant aimée,
Peut-il auoir vn feu sans flame & sans fumée?

ORMENE.

Las! il n'est que trop vray que son cœur allumé,
Brusle d'vn feu secret dont il est consumé,
La flame qui destruit la Capadoce entiere,
Vient de celle d'amour qui luy sert de matiere.
Ne vous souuient-il pas que le Roy vint icy
Pour visiter mon pere, & que i'y vins aussi?
Il vid pour mon mal-heur, le sort m'estant contraire,
La belle Polixene espouse de mon frere,
Et se laissa charmer à des attraits si dous:

CASSANDRE.

Elle est belle (il est vray) mais non pas plus que vous.

HECVBE.

Et puis, quelques appas que l'on remarque en elle,
Estant sa belle sœur, sa flamme est criminelle.

ORMENE.

Il brusla cependant, depuis ce premier iour,
D'vn feu qui surmonta celuy de nostre amour,

Et qui par ses regards me fit bien-tost connaistre,
Et ma perte, & l'amour, & l'œil qui le fit naistre.

CASSANDRE.

Fut-elle fauorable aux vœux d'vn suborneur?

ORMENE.

Pour faire cette faute, elle aimoit trop l'honneur:
Au contraire i'apris que ce noble courage,
Repoussa cet affront par vn sanglant ouurage,
Et que par vn mespris & iuste & genereux
Elle imposa silence à ce Prince amoureux.

HECVBE.

Ie ne demande plus qui fait prendre les armes,
Et ie ne cherche plus la sourcé de vos larmes.

ORMENE.

Apres auoir tenté mille fois ses appas,
Le Roy quitte mon pere, & rentre en ses Estats:
Il arme sourdement; & puis comme vn tonnerre,
Il vient porter icy la frayeur & la guerre:
Et pour donner couleur au dessein qu'il a pris,
Il accuse mon pere, il se plaint d'vn mespris;
Et parmy nos voisins luy suppose des crimes,
Pour faire croire à tous ses armes legitimes:
Orosmane surpris en cette extremité,
Donne, & perd la bataille, auec la liberté.

Tigrane mon cher frere, auec sa Polixene,
Se sauue dans ses Murs, dont la prise est certaine;
Et Tridate alors, fauorisé de Mars,
Plante ses pauillons au Pied de ses remparts.
Mais pourquoy vous compter vn si triste voyage,
Puis qu'aussi bien que moy vous estes dans l'orage?
Et que vous auez veu les insignes malheurs
Qui perdent ma patrie, & qui causent mes pleurs?
Si l'esperance mesme à la fin m'est rauie,
Voyez si i'ay raison d'abandonner la vie?

CASSANDRE.

Mais le Roy sçait-il bien que vous n'ignorez pas,
L'aueugle mouuement qui guide icy ses pas?

ORMENE.

Mon visage abatu dans le mal qui me touche,
Et mes souspirs frequens ont parlé pour ma bouche;
Mes yeux ont assez dit la douleur que ie sens;
Mais tousiours le respect a regné sur mes sens.

HECVBE.

L'exez en toute chose estant illegitime,
Vostre facilité, fait peut-estre son crime.

ORMENE.

Quelque iniuste rigueur qu'il exerce enuers moy,
Ie me souuiens qu'il est mon espoux, & mon Roy.

A iij

CASSANDRE.

Il se doit souuenir de vostre amour extrém,
Et qu'il vous doit aimer à l'esgal de luy-mesme.

ORMENE.

Ie me dois souuenir au milieu de mes maux,
Et du pouuoir d'vn Prince, & du peu que ie vaux.

HECVBE.

Mais si vostre interest n'excite point vostre ame,
Combatez pour le sien, & le sauuez de blasme.

ORMENE.

Il n'apartient qu'aux Dieux de conseiller les Rois.

CASSANDRE.

Et les Dieux pour cela demandent vostre vois.

ORMENE.

Ie ne puis me resoudre à fascher Tiridate.

HECVBE.

Ce n'est pas la raison, c'est l'amour qui vous flate.
L'amour est vn tyran dans les ieunes esprits,
Dont les profonds respects excitent le mespris.

ORMENE.

Non, non, si le Roy change il n'en est point blasmable;
Pourquoy m'aimeroit-il? ie ne suis pas aimable;

CASSANDRE.

Et pourquoy vous conduire en ce triste sejour?

ORMENE.

Par maxime d'Estat il souffre mon amour:
Il craint qu'estant absent, vne femme irritée
Ne sousleue des gens dont elle est respectée;
Mais Ciel, qu'il connoist mal à quel point est chery,
Par la femme d'honneur vn illustre mary!
Malgré son changement, & son mespris encore,
(Dieux ne m'escoutez point) mes filles ie l'adore;
Et ie ne fay de vœux.....

HECVBE.

Madame, le voicy;

ORMENE.

Rentrons, son œil me dit que ie m'oste d'icy.

SCENE
DEVXIESME.

TIRIDATE, PHARNABASE.

TIRIDATE.

Il sort de sa Tente.

ENFIN *ie suis vainqueur , la gloire*
   m'enuironne ;
Ie brille de l'esclat d'vne double cou-
   ronne ;
Toute la Capadoce est soumise à mes lois ;
Et ie m'en vay monter au Trosne de ses Rois.
Cette derniere place estant presque occupée,
Il faut prendre le sceptre acquis par mon espée ;
Et gouster les douceurs , & le souuerain bien,
Que la victoire donne aux cœurs comme le mien.
Nostre rare valeur a passé comme vn foudre ;
Les plus superbes tours, ne sont qu'vn peu de poudre ;
Tout fleschit, tout se rend, & mes heureux projets
N'ont point eu d'ennemis, qui ne soient mes sujets.

                                                      Vn

Vn beau-pere infolent eft dans la feruitude,
Son fils attend de nous vn traitement plus rude;
Deja nous le tenons enclos de toutes parts,
Et fes derniers efforts, dans fes derniers ramparts,
Tefmoignent fa foibleffe, & fon humeur altiere:
La ville d'Amafie eft vn beau Cimetiere;
C'eft icy que mon bras atterre fon orgueil;
Il en fait fon azile, & i'en fais fon cercueil;
Il fuccombe defia fous l'effort qui l'accable,
Les Beliers ont agi, la brefche eft raifonnable,
Et le premier affaut que ie m'en vay donner,
Acheue cette guerre, & me va couronner.

PHARNABASE.

La conquefte fi prompte eft bien mal affeurée,
La fureur des torrens n'eft iamais de durée:
Surprendre vn ennemy c'eft (pour ne point flatter)
Dérober la victoire, & non pas l'acheter,
Quand fur la foy publique vn Prince fe repofe,
Qu'il n'a point de fuiet de craindre aucune chofe,
Certes il eft aifé d'opprimer fa valeur;
Et toute fa prudence eft courte en ce malheur.

TIRIDATE.

Vous offenfez vn Prince en difant qu'il fommeille:
Le rang de Souuerain veut que toufiours il veille;
Et qui s'affeure trop en ce qu'on luy promet,
Merite le malheur où fa faute le met.

B

PHARNABASE.

Seigneur, qui vous instruit en de telles maximes?
Croyez-vous donc qu'vn Roy doiue faire des crimes?
Et qu'il luy soit permis de violer sa foy,
Comme n'estant plus homme, à cause qu'il est Roy?

TIRIDATE.

Ceux qui tiennent vn rang de puissance infinie,
Sont instruits seulement par vn diuin Genie,
Qui fait tousiours ceder au cœur d'vn Potentat,
Cette raison commune, à la raison d'Estat.

PHARNABASE.

Croyez-vous donc auoir la fortune prospere,
Quand vous aurez destruit vn innocent beau-pere?
Croyez-vous bien franchir vn pas si dangereux?
Et qu'vne iniuste guerre ait vn succez heureux?

TIRIDATE.

Ne iugez point des Rois, ame vulgaire & basse;
Ne les mesurez pas auec vne autre race;
Pour les y comparer, ils sont trop differens,
Les Rois ont des suiets, & n'ont point de parens.

PHARNABASE.

Mais supposons enfin que l'on prenne Amasie,
Vous verrez sur vos bras, & l'vne & l'autre Asie;

Tous les Princes voisins prenant part à l'affront;
Contre tant d'ennemis, que peut vn Roy de Pont?

TIRIDATE.

Mais que ne peut-il point? & que peuuet les autres,
Quels efforts suffiront à s'opposer aux nostres?
Et quel de mes voisins osera conceuoir
Le penser seulement de choquer mon pouuoir?
Apres ce coup d'essay de ma force infinie,
Qu'on arme contre moy toute la Bithinie,
Et que le Frigien aide à mes ennemis,
Si ie veux tourner teste, on les verra soumis.
Non, non, rien desormais ne peut ternir ma gloire;
La victoire me suit, & tout suit la victoire :
Les suiets d'Orosmane, & vaincus, & charmez,
Seruent contre celuy qui les auoit armez;
Du debris de son camp le mien se fortifie.

PHARNABASE.

Le vaincu pour tromper le vainqueur qui s'y fie.

TIRIDATE.

Sur le moindre soupçon, vne iuste rigueur
Perdra tous les vaincus pour sauuer le vainqueur.

PHARNABASE.

Vos gens auec douleur semblent porter les armes;

Quand ils versent du sang, ils respandēt des larmes,
Et vous n'estes seruy dans ce mauuais dessein,
Que parce qu'vn suiet doit tout au Souuerain.

TIRIDATE.

Soit qu'on me suiue icy, par amour, ou par force,
L'espoir d'vn grand butin, est vne belle amorce:
Et puis, leur volonté ne fait pas mes destins,
Ie suis Maistre, & mon bras sçait punir les mutins.

PHARNABASE.

Esprit du grand Hermon, si ton œil me regarde;
Si tu vois le depost que tu mis en ma garde;
Sois tesmoin qu'auiourd'huy ma voix a combatu,
Les sentimens d'vn fils qui n'a pas ta vertu;
Et si l'ire des Dieux dans quelque temps l'accable,
Grand Prince, souuiens-toy qu'il en fut seul coupable.

TIRIDATE.

Vous mesme, Pharnabase, ayez le souuenir
Qu'vn discours insolent se peut faire punir.
Chacun vit à sa mode, & dans l'heur que i'espere,
Ie ne me regle point au Regne de mon pere:
Ce qui fut bon pour luy, seroit mauuais pour moy;
En vn mot il regnoit, & ie pense estre Roy.
Mais le fascheux objet que le Destin m'enuoye!
Dieux, par quelle raison souffrés-vous qu'il me voye?

SCENE
TROISIESME.

PHRAARTE, OROSMANE, deux GARDES,
TIRIDATE, PHARNABASE.

PHRAARTE.

SEIGNEVR, il nous a dit qu'en cette
extremité,
Il desiroit parler à vostre Majesté.

OROSMANE.

Impitoyable fils, ta haine est assouuie;
Tu tiens en ton pouuoir mon Estat & ma vie;
Et le sort fauorable aux vœux du plus puissant,
A soustenu ton crime, & perdu l'innocent.
Il semble que les Dieux ont changé de nature,
Ou que tout icy bas n'aille qu'à l'aduenture,
Puis qu'on void l'iniustice en ce degré qu'elle est,

B iij

Et la vertu soumise à tout ce qui luy plaist.
Cette main, dont le bruit en sa gloire naissante,
Volla du bords du Tybre aux riuages du Xanthe;
Qui par tout surmonta les obstacles offerts,
A laissé choir vn Sceptre, & s'est soumise aux fers:
Ta fraude, ie l'aduouë, a vaincu ma prudence;
I'ay commis vne faute, & i'en fais penitence;
Ie me consume en vain en regrets superflus;
N'es-tu pas satisfait? & que cherches-tu plus?
Veux-tu bannir du monde vn innocent beau-frere?
Et parce que tu vois que le sort m'est contraire,
Ton iniuste fureur qui m'a tant outragé,
Veut-elle doublement affliger l'affligé?
Ne te suffit-il pas, inexorable Prince,
De m'auoir mis aux fers? desolé la Prouince?
Et versé tant de sang, qui monté iusqu'aux Cieux,
Pour demander vangeance à l'equité des Dieux?
Veux-tu dõc qu'vn abisme, appelle vn autre abisme?
Et qu'vn crime en ton ame, appelle vn autre crime?
Ha! pardonne à Tigrane, il a trop enduré;
Laisse à ce pauure Prince vn azile asseuré;
Et sans poursuiure encor vn dessein si funeste,
Souffre que d'vn Royaume, vne ville luy reste:
C'est bien la moindre part qu'vn fils y doit auoir:
Ainsi iamais le sort n'esbranle ton pouuoir;
Ainsi le Ciel benin puisse oublier ta faute,
Et ta main conseruer le Sceptre qu'elle m'oste.

TIRIDATE.

Tiridate veut viure, ainſi qu'il a veſcu ;
Ne vaincre qu'à demy, c'eſt n'auoir pas vaincu :
Pour arreſter mon bras, cette feinte eſt groſſiere :
Que l'ennemy ſe rende, ou morde la pouſſiere :
Et s'il veut obtenir quelque pitié de nous,
Qu'il quitte ſes remparts, & paroiſſe à genoux.

OROSMANE.

Soit pour faire ceder ſa fortune à la tienne,
Souffre que ie le voye, & que ie l'entretienne :

Il feint d'y reſ- uer.

TIRIDATE.

Allez faire ranger mes gens de toutes parts,
Et qu'on le meine apres au pied de ces ramparts ;
Faites ſommer ce fils de parler à ſon pere :
Mais ſi leur entretien n'eſt tel que ie l'eſpere,
Et que cet orgueilleux perſiſte en ſon deſſein,
Qu'on luy mette à l'inſtant vn poignard dans le ſein.
Phráarte, il ſuffira d'en faire bien la feinte ;
Car ie veux ſeulement l'eſmouuoir par la crainte ;
Si ſon fils ne ſe rend, ſans luy faire aucun mal,
Qu'on donne à l'heure meſme vn aſſaut general :
Il paroiſt ſur la Tour, allez en diligence
Preparer les moyens d'vne illuſtre vangeance :
Le voilà, depeſchez, contentez mon eſprit,
Et ne manquez à rien de ce que i'ay preſcrit.

Il le rap- pelle, & luy parle bas.

SCENE QVATRIESME.

POLIXENE, TIGRANE,.

POLIXENE.

ENFIN Seigneur, enfin, l'espoir nous·
    abandonne,
    Et pour me conseruer, vous perdez la
    Couronne:·
Ha ! destournez ces yeux que ie voy tous en pleurs,
Du visage fatal qui cause vos malheurs.
Priuez-le, priuez-le de cette grace insigne;
Ne le regardez plus, puis qu'il en est indigne;
Ie trouue que chacun a droit de me blasmer;
Mes yeux ont fait vn crime, en me faisant aimer.
Mais Seigneur, dans l'estat où le Destin nous
    range,
Faites que vostre main me punisse & vous vange.
Vous pouuez restablir vostre premier bon-heur,
Et sauuer vostre Estat, en sauuant mon honneur.

Accordez

Accordez moy la mort, ie n'attens autre chose:
L'effet sera destruit, si l'on destruit la cause;
Et ce cruel Tiran qui ne cherche que moy,
Quand ie ne seray plus, deliurera le Roy.
N'escoutez point, Seigneur, nostre amour qui vous
    flatte;
Ne songez point à moy, pensez à Tiridate;
Et pour vous garantir d'vn monstre furieux,
Veüillez hausser le bras, & destourner les yeux.

TIGRANE.

Ha! changez de discours, ma chere Polixene,
Vous augmentez mes pleurs, vous irritez ma peine;
Cedons, cedons plustost à la fureur du sort;
Suiuez, ie le permets, le party du plus fort;
Separez vos Destins de ceux d'vn miserable;
Euitez sagement sa perte inéuitable;
Et songez que la vostre est le plus grand malheur,
Que l'on puisse adiouster à ma iuste douleur,
Que l'Estat soit perdu, que ma perte le suiue;
Qu'vn autre soit heureux, que Polixene viue;
Que de tous mes trauaux Tiridate ait le fruit;
C'est ce que ie demāde aux Dieux qui m'ont destruit.

POLIXENE.

Quoy? vous croyez, Seigneur, que ie sois assez lasche
Pour suiure en ce mal-heur vn cōseil qui me fasche?

                         C

Il semble que mon cœur, comme vous le traittez,
Ne veüille prendre part qu'à vos felicitez!
Qu'il ne veut point courir vos diuerses fortunes,
Et se donner la couche, & la tombe communes?
Non, non, croyez Seigneur, en cette extremité,
Où le bon-heur, le Sceptre, & l'espoir m'est osté,
Que nous ne cedons point à la vertu d'vn autre;
Et que vostre Destin sera tousiours le nostre.

TIGRANE.

O cœur vrayment Royal, seul bien d'vn affligé!

POLIXENE.

Vnique objet du mien, vous l'auez outragé:
Mais que veulent ces gens?

SCENE
CINQVIESME.

PHRAARTE, OROSMANE, DEVX
GARDES, TIGRANE, POLIXENE,

PHRAARTE.

Duance𝓏 vers la porte, *Il parle à ses Sol-*
'Pendant que ie feray ce que mon ordre porte. *dats.*
O contrainte fafcheufe où ie fuis obligé !
Ie te plains dans le cœur, pauure Prince affligé ; *Il dit ces*
Mais fi i'acheue en fin le deffein que ie trame, *4. vers*
'Phraarte en te fauuant, fe fauuera de blafme. *bas.*
C'eft le Roy mon Seigneur, qui me fait t'aduertir
De luy rendre la place, & d'en vouloir fortir ;
Car fi tu ne le fais, confulte, delibere ; *Il hauffe*
le poi-
I'ay le commandement de poignarder ton pere. *gnard.*

TIGRANE.

O Dieux ! en quel eftat me trouray-ie en ce iour ?
Que dois-ie deuenir ? Nature, honneur, Amour,

Helas! qui de vous trois fera pancher mon ame,
Sans me combler de peine, aussi bien que de blasme?
O Ciel trop rigoureux contre moy conjuré,
Voulez-vous que i'agisse en fils desnaturé?
Mais aussi voulez-vous que ie me rende infame,
Et que mes laschetez abandonnent ma femme?
Et toy puissant Amour qui regnes dans mon cœur,
Pourras-tu bien te rendre, & souffrir vn vainqueur,
O Destins ennemis dont la rigueur m'opresse!
Quoy? faut-il perdre vn Pere, ou bien vne Maistresse?
Et dans le triste estat qui me met aux abois,
Croyez-vous qu'vn esprit puisse faire ce choix?
Ouy, malgré mon amour, malgré ma jalousie,
Inuisible bourreau de nostre fantaisie,
La Nature l'emporte, & ce premier deuoir
Comme estant le plus iuste, a le plus de pouuoir:
Arreste mal-heureux, garde bien d'entreprendre
Ce detestable coup, puis que ie me veux rendre.

OROSMANE.

Tigrane, oses-tu bien par crainte, ou par pitié,
Mespriser la vertu, plustost que l'amitié?
T'aurois-ie fait vn cœur capable de foiblesse?
Oses-tu prononcer ce discours qui me blesse?
Sçache que mon esprit ne peut souffrir ta vois,
Qui veut faire vne injure au sang de tant de Rois.
Parle, as-tu remarqué que i'aime assez la vie,
Pour craindre laschement qu'elle me soit rauie?

Et crois-tu dans l'estat où ie suis deuant toy,
Parce que i'ay des fers, que ie ne sois plus Roy?
Non, des biens seulement la fortune se joüe;
Si tu n'es genereux, va, ie te desaduoüe.

TIGRANE.

Mais vous pouuoir sauuer, & ne le faire pas!

OROSMANE.

Empesche nostre honte, & non pas mon trespas.

TIGRANE.

Et quoy, i'aurois le cœur de vous voir rauir l'ame?

OROSMANE.

Regarde si ie tremble en voyant cette lame:

PHRAARTE.

Ha ! c'est trop!

Il feint de
le fraper.

TIGRANE.

Assassin, arreste ie me rends:

OROSMANE.

L'honneur te le deffend, & ie te le deffends:
Va mourir sur la bresche où l'honneur te demande.

TIGRANE.

Me le commandez-vous?

OROSMANE.

Oüy, ie te le commande.

TIGRANE.

Il vous faut obeïr:

OROSMANE.

Acheue, acheue moy:

PHRAARTE.

Il dit ce
vers à
part. *Le visage des Rois imprime de l'effroy;*
Aux armes compagnons:

TIGRANE.

Mes Citoyens aux armes.

POLIXENE.

Dieux, espargnez le sang, & payez-vous de larmes!

PHRAARTE.

Il regar-
de derrie-
re le The-
atre. *Courage mes amis, aduancez, aduancez;*

VN GARDE.

La premiere Phalange est au bord des fossez.

PHRAARTE.

A l'affaut,

TIGRANE.

A la mort,

OROSMANE.

Meurs en fils d'Orofmane,
Comme ie vay mourir en pere de Tigrane.

Fin du premier Acte.

ACTE II.

TIRIDATE , ORMENE , PHARNABASE,
CASSANDRE, HECVBE, troupe de GAR-
DES, OROSMANE, troupe de CITOYENS,
PHRAARTE , TIGRANE , POLIXENE.

SCENE PREMIERE.

TIRIDATE, ORMENE, PHARNABASE,
CASSANDRE, HECVBE, troupe de GARDES.

TIRIDATE.

Il fort de
fa Tente.

REntrez, rentrez Madame, & ne m'em-
pefchez pas
D'aller voir auiourd'huy la fin de nos
combats:
Il n'eſt rien de plaiſant pour vne ame offenſée,
Comme l'affreux objet d'vne ville forcée:

C'eſt

C'est là que le desordre est agreable aux yeux;
C'est là que doit paraistre vn cœur victorieux:
Car au milieu des morts, du sang, & de la proye,
Le feu qui la deuore, est vn beau feu de joye.

ORMENE.

Seigneur, oyez la voix de ma iuste amitié;
En faueur de mon frere, escoutez la pitié;
Songez que la rigueur peut obscurcir la gloire,
Et n'ensanglantez point vne belle victoire.
Certes quand son peché seroit mesme infini,
Confessez-moy, Seigneur, qu'il est assez puni:
Bien qu'on le laisse viure, & bien qu'on luy pardonne,
Vn Prince a tout perdu, quand il perd la couronne;
Ainsi vous ne prenez que des soins superflus;
Car Tigrane est encor, mais le Prince n'est plus.

TIRIDATE.

Enfin ie voy vostre ame, & ie remarque en elle
Cette lasche pitié qui la rend criminelle:
L'interest d'vn mary qui vous deuroit toucher,
Cede à celuy d'vn frere, infidelle, & plus cher:
Et par cette requeste, à bon droit reiettée,
Vous oubliez le rang où vous estes montée:
Mais bien que vostre esprit, soit pour luy contre moy,
Si suis-ie vostre espoux, si suis-ie vostre Roy.

D

Si suis-ie vostre espoux, si suis-ie vostre Roy.

ORMENE.

Seigneur, ces noms sacrez sont grauez en mon ame;
Mais quoy, ie suis sa sœur!

TIRIDATE.

Mais vous estes ma femme.

ORMENE.

La Nature me parle, elle a bien du pouuoir:

TIRIDATE.

Contre ce que ie suis, rien n'en deuroit auoir:

ORMENE.

Ce n'est qu'auec respect que ie vous solicite:

TIRIDATE.

La fausse humilité vient d'vn cœur hypocrite.

ORMENE.

Helas! dois-ie oublier......

TIRIDATE.

Tout, pour n'oublier pas
Que la rebellion merite le trespas.

Il l'inter-
rompt.

ORMENE.

Ha! pleuſt au Ciel, Seigneur, que mon ame affligée
Vous paruſt en l'eſtat où vous l'auez rangée;
Vne extrème douleur s'y verroit en ce iour,
Auec beaucoup de crainte , & beaucoup plus d'a-
    mour.
Si vous n'eſtes Seigneur, le ſeul objet que i'aime;
Si ie ne vous cheris à l'eſgal de moy-meſme;
Puiſſay-ie maintenant eſprouuer en ces lieux,
Ce que peut la colere, & des Rois, & des Dieux.

TIRIDATE.

Conformez donc en fin voſtre vouloir au noſtre;　　　Il s'en va
Et ſi vous eſtes ſage eſuitez l'vne & l'autre.

ORMENE.

Il s'en va le volage, il s'en va l'inhumain,
Me dérobant ſon cœur, enſanglanter ſa main;
Et volant vers l'objet qui captiue ſon ame ,
Il s'en va le chercher à trauers de la flame.
O frere infortuné qu'a perdu le deſtin!
Eſpouuentable objet de ſang & de butin,
Terre qui m'as veu naiſtre , accorde moy la tombe.

CASSANDRE.

Sous les maux de l'eſprit, le corps en fin ſuccombe;

Et la force vous manque , & le tint vous paslit.

HECVBE.

Souffrez qu'on vous soustienne , & qu'on vous porte au lit :

Orosma-
ne vient. Aussi bien cét obiet que le sort vous presente,
Augmenteroit encor cette douleur cuisante :

CASSANDRE.

Ouy, Madame, fuyons de ces funestes lieux :

ORMENE.

Elle en-
tend de
son pere. Helas ! ie porte au cœur ce qu'on oste à mes yeux !

SCENE
DEVXIESME.

TROVPE DE CITOYENS , OROSMANE, DEVX GARDES.

VN CITOYEN.

Ils se met-
tent à ge-
noux. SEIGNEVR , puis que le sort vous
oste la Couronne,
Qu'il abat vostre Throsne, & qu'il nous
abandonne,

Accordez-nous vn bien que nous defirons tous,
Souffrez que vos fujets expirent deuant vous;
Et qu'aux yeux de celuy dont la main vous oprime,
Noftre fang refpandu luy reproche fon crime.
Nos courages vnis en cette extremité,
Sont tous pleins de conftance & de fidelité;
Voftre main dans les fers eft autant refpectée,
Comme en tenant vn Sceptre elle eftoit redoutée:
Et quelque indignité qu'on vous faffe en ces lieux,
Nous adorons en vous vne image des Dieux.
Ne croyez pas, Seigneur, qu'vne foibleffe d'ame
Nous ait fait efuiter & le fer & la flame;
Nous auons deffendu nos murs & nos foffez,
Contre vos ennemis, mais ils nous ont forcez:
Si bien que nous cherchons, en perdant la Prouince,
La gloire de mourir aux pieds de noftre Prince.

OROSMANE.

Ha! bons & vrais fujets, dignes d'vn autre fort,
Le Ciel s'apaifera peut-eftre par ma mort!
Oüy, vos fidelitez auront leur recompenfe:
Ie fçay voftre deuoir, mais ie vous en difpenfe:
Ne tournez plus vers moy, ny le cœur, ny les yeux;
Cette neceffité, qui force iufqu'aux Dieux,
A graué dans le Ciel l'arreft irreuocable,
Qui donne le pouuoir à celuy qui m'accable.
Ne refiftez donc plus à ce decret fatal,

D iij

Et taschez d'amollir cette ame de metal.
Assez vostre grand cœur, dans ma iuste querelle,
A soustenu ma gloire, & combatu pour elle;
Assez il s'est fait voir, & sans pair, & sans prix;
Ne vous enterrez pas sous mon triste débris;
Viuez, obeïssez, puis que ie le commande;
Vostre heur sera le mien, & ie vous le demande.

VN CITOYEN.

Non, non, que ce cruel acheue ses proiets,
Il aura des captifs, mais non pas des Subiets:
Tousiours nostre deuoir, & tousiours vostre gloire,
Seroit les seuls obiets qu'aura nostre memoire.
Il parle aux Sol-dats. O vous qui le gardez, si ces pleurs que ie voy,
Viennent de la pitié que vous auez du Roy,
Si vous n'approuuez point l'iniustice d'vn maistre,
Par l'hōneur, par les Dieux, faites le nous paraistre;
Deschargez de ces fers le plus grand des humains,
Et pour les receuoir, nous presentons les mains.

OROSMANE.

Il les em-brasse. O fidelles Subiets!

VN CITOYEN.

O bon & digne Prince,
Si vous deuez perir, perisse la Prouince!

SCENE

TROISIESME.

OROSMANE, TIRIDATE, PHAR-
NABASE , Troupe de CITOYENS,
Troupe de GARDES.

OROSMANE.

TOVRNE, tourne les yeux, homme sans *Il arreste*
amitié; *Tiridate,*
& luy fait
Regarde Tiridate, vn obiet de pitié; *voir ces*
habitans
Ne te mets pas au rang des cœurs inexorables; *à genoux.*
Ne ferme point l'oreille aux cris des miserables;
Et puis que le destin les range sous ta loy,
Traite-les en Subiets, de Tiran deuiens Roy.
Surmonte en leur faueur ton humeur sanguinaire;
Et de Gendre inhumain, sois Maistre debonnaire.
N'irrite point des maux, dont tu fus seul autheur;
Et force-les d'aimer vn Prince vsurpateur.
Iuge par cette amour qu'a pour moy la Prouince,
Comme les bons Subiets cheriſſent vn bon Prince;

Sois vainqueur de ton vice apres m'auoir vaincu;
Et pour te faire aimer, vis comme i'ay vescu,
Ou si ta cruauté n'est pas bien assouuie,
Espargne ton Estat, & prens encor ma vie:
Marche (si tu le veux) sur mon front oppressé,
Pour monter dans le Trosne où tu m'as renuersé:
Mais soule à tout le moins ta fureur en ma perte,
Et ne te fais point Roy d'vne ville deserte.
Songe, en voyant l'estat où tu nous as reduis,
Que tu pourras tomber au desastre où ie suis;
Et que si l'equité n'est iamais asseurée,
L'iniustice a tousiours sa peine preparée;
Qu'il n'est rien d'eternel; que tout change icy bas;
Et qu'en faisant vn bien, nous ne le perdons pas,
Ce n'est qu'en leur faueur que ie respands des larmes;
En leur seule faueur, laisse tomber tes armes;
Il s'en va. Peuple, apres les malheurs qu'Orosmane a soufferts,
Voila tout ce que peut vn Prince dans les fers.

TIRIDATE.

Qu'on m'oste ces objets de crainte & de foiblesse;
En l'estat où ie suis leur presence me blesse;
Qu'ils songet sans troubler les plaisirs de mon cœur,
On les oste. Qu'il faut que les vaincus adorent le vainqueur.

PHARNABASE.

Seigneur, sögés vous mesme, en l'estat où vous estes,
Que des monts esleuez les orgueilleuses testes,

De

De la foudre souuent, peuuent sentir les coups,
Et que les Dieux encor, sont au dessus de vous.

TIRIDATE.

Ouy, si ie suis frapé, ce sera du Tonnerre,
Et ie ne crains plus rien du costé de la terre;
Mais puis qu'estant mortel, il me faut vn tombeau,
Pourroy-ie le choisir, ny plus grand, ny plus beau?

PHARNABASE.

Seigneur, n'irritez point la puissance supreme,
On peut gaigner & perdre vn Royal diademe:
Mille exemples fameux vous peuuent enseigner,
Et comme on la doit craindre, & comme on doit re-
gner.

TIRIDATE.

Ha! ie n'ay pas besoin du Conseil qu'on me donne:
Ce bras, ce mesme bras, qui gaigne vne Couronne,
Quel que soit le succez, qui me doiue arriuer:
Comme il peut l'aquerir, sçaura le conseruer.

PHARNABASE.

Que vostre Majesté me permette de dire,
Que quand vostre valeur estendroit son Empire,
Aux plus lointains Climats que l'on ait découuers,
Et feroit vn Estat de tout cet Vniuers:

E

Quand (dis-ie) voſtre cœur, n'auroit plus rien à
    craindre,
Si ſon deſſein n'eſt iuſte, il eſt touſiours à plaindre.
Au milieu des grandeurs, des Throſnes eſclatans,
Les Princes vicieux ne ſont iamais contents:
L'or, la Pourpre, le Dais, le Sceptre, & la Couronne,
Ny la garde qui veille, & qui les enuironne,
Ne ſçauroient empeſcher que le iuſte remords,
Plus cruel mille fois, que les plus dures morts,
Au milieu de la Pompe, au milieu de la Gloire,
Ne leur ſoit vn bourreau, logé dans la memoire.
L'image de leur crime eſpouuentable à voir,
Se preſente à leurs yeux, auec le deſeſpoir;
Et tel dont la grandeur nous paroiſt ſouueraine,
Sur l'yuoire, & ſur l'or, ſe ſent mettre à la geſne:
Son eſprit eſt troublé d'vne noire vapeur;
Il a tout offencé, tout auſſi luy fait peur;
Et ſon Troſne deuient pour punir ſa malice,
Le ſuperbe eſchaffaut de ſon ſecret ſupplice:
Ha! Seignenr, la raiſon vous parle par ma voix,
Elle qui doit regner, ou regnent les grands Rois.

TIRIDATE.

Va, ie n'eſcoute plus cette vertu farouche,
Qui te met ſi ſouuent l'inſolence en la bouche;
Et ſi quelque pitié n'intercedoit pour toy,
Sçache qu'on t'aprendroit à parler à ton Roy:

Ouy, tu sçaurois enfin que ma colere est lente,
Mais qu'en la retenant, elle est plus violente,
Et qu'elle est vn Torrent que l'on doit redouter.

SCENE
QVATRIESME.

PHRAARTE, TIRIDATE, PHARNABASE.

PHRAARTE.

D'AVANTAGE honteux, te dois-ie *Il dit ce*
raconter?   *ver bas.*
En vain pour se sauuer, l'ennemy s'es-
uertuë;
Nous auons du Chasteau la deffence abatuë:
Et le soldat n'attend, à l'assaut apresté,
Que le commandement de vostre Majesté,
Car pour la Ville prise, elle est des-ja paisible.

TIRIDATE.

Acheue, abats Amour, tout ce qui t'est nuisible;

E ij

Donnons, donnons Phraarte, & deuance mes pas,
Fais sçauoir à mes gents qu'il y va du trespas,
Si la moindre insolence outrage Polixene :

Il s'en va. Volle ;

PHRAARTE.

Et quoy ? son amour a donc causé sa haine!
Encor vn nouueau crime apparoist à mes yeux!
Si ie l'ay mal instruit, vous le sçauez grands Dieux!
S'il n'a veu par mes soins, toutes ces belles marques
Dont l'histoire honnora les plus iustes Monarques;
Si la Morale a rien de grand, & d'excellent,
Dont ie n'ays combatu son esprit violent :
O Ciel! punissez moy des fautes de ce Prince,
Comme le seul autheur des maux de la Prouince.
Mais sans perdre le temps, il est plus à propos,
Et pour l'honneur d'vn Maistre, & pour nostre re-
pos,
D'aller encor vn coup, au peril de ta vie,
Opposer la raison à son iniuste enuie.
Dieux, le mal est pressant ! Tigrane que ie voy
Sur le haut de la Tour pasle & transi d'effroy,
Et la Princesse encor aussi morte que viue,
Semblent me reprocher que mon ayde est tardiue.

SCENE
CINQVIESME.

TIGRANE, POLIXENE.

TIGRANE.

*M*A chere Polixene, il n'y faut plus penser,
Car l'ennemy s'aproche, il s'en va nous
   forcer;
Voicy le poinct fatal marqué pour ma
  ruine,
Voicy l'heure où mon cœur perd ta beauté diuine;
O funeste accident, pire que le trespas!
Perdant le Sceptre seul, ie ne me pleindrois pas;
Cette priuation, n'a rien qui m'importune;
Ie regarde l'Amour, & non pas la Fortune;
Et sous vn toict de chaume, y viuant auec toy,
Ie trouuerois encor tous les plaisirs d'vn Roy:
Tiridaté, cruel, vois que ie t'abandonne,
Sans regret, sans douleur, Trosne, Sceptre, & Cou-
  ronne,

Vsurpe, vsurpe tout, & ne me laisse rien
Que ce diuin obiet, luy seul est tout mon bien;
Sans luy, toutes grandeurs, me semblēt mesprisables;
Auec luy tous les maux me seront supportables;
Et si de ta bonté, ce thresor m'est rendu,
Tu m'entendras iurer que ie n'ay rien perdu:
Mais que d'vn vain espoir ma pauure ame se flate!
Tigrane n'aime rien, que n'aime Tiridate;
L'effet de ces desirs n'a garde d'arriuer,
Puis qu'il me veut rauir, ce que ie veux sauuer.
Il n'en veut qu'à mon cœur, il n'en veut qu'à ma
    femme;
Le feu qui me consomme, allume aussi son ame;
Ce qui fait mes plaisirs, fait ses felicitez;
Et son ambition n'en veut qu'à tes beautez.
O rage! ô desespoir! que feras-tu Tigrane?
Quoy, cet obiet sacré, par vne main prophane,
A tes yeux, en tes bras, souffrira la rigueur,
Et d'vn iniuste Amant, & d'vn lasche vainqueur?
Quoy, tu pourras souffrir, qu'il entre dans ta cou-
    che?
Tu le verras pasmé sur cette belle bouche?
Et peut estre qu'encor, pour te faire enrager,
Il te laissera viure, afin de t'affliger?
Ha! non, non; meurs plustost, deuance ces miseres;
Va faire ton tombeau, du trosne de tes peres,
On t'a veu naistre Prince, il faut mourir en Roy,
Et d'vn trespas au moins qui despende de toy;

Par l'eſtomac ouuert, mon ame eſtant ouuerte,
Vois comme ie me perds, pour ne pas voir ta perte.

Il veut ſe
fraper
d'vn poi-
gnard.

POLIXENE.

Ha! Seigneur, eſt-ce ainſi que vous nous cheriſſez?
Vous eſuitez l'orage, & vous nous y laiſſez!
En cette extremité, ſouffrez que ie vous blaſme,
Vous ſemblez vous reſoudre à perdre voſtre femme:
Ce grand cœur ſe deſment, puis qu'il cede auiour-
  d'huy,
Ce qui certainement ne peut eſtre qu'à luy.
Pòuuez vous conceuoir cette iniuſte penſée?
Que feray-ie Seigneur, quand vous m'aurez laiſſée?
Me croyez vous ſans cœur, ſans hõneur & ſans foy?
L'auriez vous bien penſé, Seigneur, reſpondez moy.

Elle l'en
empeſche.

TIGRANE.

Mais toy meſme, mon cœur, que veux tu que ie
  face?
Tu vois pleuuoir ſur moy, diſgrace ſur diſgrace;
Le Ciel pouſſe auiourd'huy ſa fureur iuſqu'au bout;
Par tout ie me deffends, on me force par tout:
Enfin ie cede au fort, c'eſt luy ſeul qui me dompte:
Mais tout puiſſant qu'il eſt, ie luy cede auec honte;
Et ſi malgré le ſiel que ſa rage a vomy,
Ie pouuois te ſauuer à trauers l'ennemy,
En reſiſtant au mal qui fait que ie ſuccombe,
Au milieu de ſon camp, i'yrois chercher la tombe.

Mais quoy ! tu vois briller le fer de toutes parts;
On s'en va nous forcer dans nos derniers ramparts:
Ie ne te puis sauuer, c'est vn acte impossible,
Et ie ne sçaurois voir ta perte trop sensible.

POLIXENE.

Et par quelle raison ne le pouuez vous pas?
N'auez vous point vn fer qui donne le trespas?
Il faut pour me sauuer d'vn iniuste Monarque,
Que vostre main me mette en celle de la parque.
Croyez que cette mort n'aura rien que de dous,
Si ie la puis souffrir, & pour vous, & par vous.
Donnez la moy Seigneur, consultez vous encore?
Percez, percez ce cœur; & puis qu'il vous adore,
Faites par vostre bras qu'il puisse estre en ce iour,
Vne belle victime, & d'honneur, & d'Amour.
Tousiours vostre douceur exauça ma priere;
Escoutez celle-cy, puis que c'est ma derniere;
Et que ie puisse dire, apres ce coup aisé,
Que Tigrane iamais ne m'a rien refusé;
Frappez, & deliurez vne ame malheureuse.

TIGRANE.

O vertu sans pareille ! ô femme genereuse !
Ton discours me rauit, mais il me fait horreur;
L'Amour retient ce bras, que pousse la fureur;
Mon desespoir t'accorde vne iniuste requeste,
Mais il trouue à l'instant la pitié qui l'arreste:

Il a

Il a beau m'exciter, il a beau difcourir;
Vis fi tu peux mon ame, & me laiffe mourir.

POLIXENE.

Et qui nous vangeroit, lors que ie ferois morte?
Sufpends cette douleur, elle eft defia trop forte:
Suy moy, pour contenter ton Amour infiny;
Mais fonge auparauant qui doit eftre puny.
Sus donc mon cher Efpoux, contente mon enuie;
Par vn coup pitoyable, arrache-moy la vie;
Et iette apres ce corps, dans la flame, ou dans l'eau,
De crainte qu'il ne tombe aux mains de ce bourteau:
Vis donc pour nous vanger, c'eft ce que ie demande;
La raifon te l'ordonne, & ie te le commande.

TIGRANE.

Quoy? fraper ce que i'ayme!

POLIXENE.

Et quoy, l'abandonner!

TIGRANE.

Luy donner le trefpas!

POLIXENE.

Ne le luy pas donner.

F

TIGRANE.

Se monftrer inhumain!

POLIXENE.

Se monftrer fans courage!

TIGRANE.

T'outrager en t'aimant!

POLIXENE.

Endurer qu'on m'outrage!

TIGRANE.

L'Amour & la fureur, eftre enfemble en ce iour!

POLIXENE.

Cette fureur, Tigrane, eft elle-mefme Amour.
Scache dans ce malheur, que ta pitié me bleffe:
Ie te coniure donc d'affifter ma foibleffe;
Par l'honneur, par l'Amour dont mes fens font
    charmez;
En vn mot, par mes yeux fi tu les as aymez.

TIGRANE.

Dure neceffité!

POLIXENE.

Defia trop balancée ;
Connois par ce grand bruit, que la place est forcée.

On fait
vn grand
bruit der-
riere le
Theatre.

TIGRANE.

Execrable, par toy cet Astre doit finir ;
Vis donc pour te vanger, & meurs pour te punir.
Perce, perce ce sein, pour qui tu fus sensible ;
Iette, iette dans l'eau, ce miracle visible ;
Tu n'auras plus vn bien, mais aucun ne l'aura ;
L'Amour fait ta fureur, l'Amour t'excusera ;
Tu sçauras te vanger, du traistre qui t'oprime :
Tu sçauras te punir, ayant commis ce crime ;
Tu seras affligé, tu seras genereux,
Va donc au bord de l'eau, te rendre malheureux.

Il part le
poignard
à la main.

Fin du second Acte.

P ij

ACTE III.

POLIXENE, PHRAARTE, Troupe de GAR-
DES, CASSANDRE, TIGRANE, HECV-
BE, TIRIDATE, OROSMANE, ORME-
NE, PHARNABASE.

SCENE PREMIERE.

POLIXENE, PHRAARTE,
Troupe de GARDES.

POLIXENE.

Elle tient vn mou-choir fur fon bras.

CRVELS, *puis qu'en ce iour ie cherchois le*
  naufrage,
Voftre fecours me nuit, voftre pitié m'ou-
  trage;
Me contraindre de viure, en l'eftat où ie fuis,
C'eft d'vn malheur extréme augmenter mes ennuis;

Et m'offrir au tiran, pour qui i'ay tant de haine,
C'eſt offencer l'honneur ainſi que Polixene.
Donc, ſi vous en auez, teſmoignez auiourd'huy
Que l'honneur vous eſt cher, plus que moy, ny que luy:
Souffrez que ie m'oppoſe à ſa brutale enuie;
Eſteignez ſes deſirs, en eſteignant ma vie:
Et puis qu'il ne ſçait pas que ie ſois en vos mains,
Empeſchez par ma mort ſes iniuſtes deſſains:
Ainſi ſans nul danger, voſtre bras ſecourable,
Sauuera voſtre gloire, & cette miſerable;
Ainſi vous me prouuez bien mieux voſtre amitié,
Que par le triſte effeſt d'vne laſche pitié.
Sus donc, hauſſez la main, que rien ne la retienne;
Ou pour le moins cruels, laiſſez agir la mienne,
Puis qu'on voit qui luy reſte encor quelque vigueur;
Bleſſez, ou trouuez bon que i'arrache ce cœur.

PHRAARTE.

Madame, pluſt aux Dieux qu'il fuſt en ma puiſ-
    ſance,
En ce malheureux iour, d'aider à l'innocence:
Je me perdrois Madame, afin de vous ſauuer:
Mais ſi ie l'entreprens, qu'en peut-il arriuer?
Nous ſommes dãs le camp, où chacun nous regarde;
Eſperez donc au Ciel, c'eſt luy ſeul qui vous garde;
Et venez dans ma Tente où ce ſang que ie voy
S'arreſtera, premier que nous voyons le Roy:

Que ce grand cœur resiste, au mal qui l'importune.

POLIXENE.

Elle entre. *Qui mesprise le iour, mesprise la Fortune.*

PHRAARTE.

Il parle
en luy-
mesme.

Il n'est pas à propos de luy descouurir rien,
De ce hardy projet, que ie fais pour sonbien;
De crainte que sa ioye, en se faisant paraistre,
Ne mist quelque soupçon enl'ame de mon Maistre.
Mais gardons d'estre veus de ce monde qui vient;
Le dessein important dont mon cœur s'entretient,
Veut que ie me retire, & que ie delibere,
Auec autant de soin, qu'en merite l'affaire.

SCENE

DEVXIESME.

CASSANDRE, TIGRANE, HECVBE.

CASSANDRE.

SEIGNEVR, que cherchez-vous en ce
lieu dangereux?

TIGRANE.

Tout ce que doit chercher vn Prince malheureux;
La vangeance, & la mort, par Amour, & par haine.

Il est de-
guisé en
soldat
simple

HECVBE.

Si vous estes connu, vostre perte est certaine.

CASSANDRE.

Si sur vous la raison conserue son pouuoir,
Fuyez, viste, Seigneur, ne vous laissez point voir.

TIGRANE.

Que ie manque à punir, ce monstre detestable!
Que ie manque à vanger, vn objet tant aimable!
Et que ie viue encor apres auoir commis
Ce que n'auroient pas fait, les plus fiers ennemis.
Non, non, mes filles non, la chose est resoluë;
Et le destin le veut de puissance absoluë;
Il faut que ie me perde, apres auoir perdu
Vn Tresor, qui iamais ne peut m'estre rendu;
Il faut que ie me vange, & que ie me punisse;
Que Tiridate meure, & qu'apres ie finisse.

Il leur monstre son poignard.

Voyez ce fer sanglant que ie porte en la main,
Par luy i'ay fait vn coup iuste, mais inhumain:
Par luy i'ay fait perir vne beauté si rare,
Amant infortuné, mais beaucoup plus barbare.
O main! cruelle main, que la fureur arma,
Toy main, qui fais perir, ce que le cœur aima;
Qui viens d'ouurir le sein de la personne aimee;
De quels feux violents seras-tu consommée?
Et puis que c'est par toy qu'vn astre a pû finir?
Est-il quelque brasier qui te puisse punir!
Noires filles d'enfer, abandonnez vos gouffres,
Aportez en ces lieux vos flames, & vos souffres,
Venez, venez à moy; quittez vos criminels,
Mon crime est infini, vos feux sont eternels;
Pour vanger sur ma main l'innocence oprimée,
Qu'elle brusle tousiours, sans estre consommée.

Cher

Cher esprit, que ma main a separé du corps,
Belle ame, vois du Ciel ma rage, & mes transports;
Mon amour, ma douleur, mon desespoir extréme;
Jette l'œil sur mon cœur, pour connoistre s'il t'aime; *Il se met à genoux.*
Et si par tant de cris ie puis estre entendu,
Vois que i'adore icy ce que i'ay respandu: *Il entend le sang de sa femme qu'il voit à son poignard.*
Mais sans plus m'arrester à cette pleinte vaine,
Donnez-moy le moyen de parler à la Reine;
Sa Tente (à mon aduis) n'est pas bien loing d'icy;
Cassandre, respondez?

CASSANDRE.

Non Seigneur, la voicy.

HECVBE.

Dieux entrez, le Roy vient:

TIGRANE.

Faut-il que ie me cache,
Moy qui cherche par tout, vn ennemy si lasche?
Ouy, sa garde le suit, & pour en approcher, *Il entre.*
Souffre vne fois honneur, que ie m'aille cacher.

SCENE
TROISIESME.

TIRIDATE, OROSMANE, ORMENE,
PHARNABASE, Troupe de GARDES.

TIRIDATE.

Prenez qu'vn grand cœur amoureux de
la gloire,
Est ardent au combat, & doux en la victoire.

OROSMANE.

Tiridate, mon ame auroit tort d'en doûter,
On le void en ces fers, que tu me fais porter.

TIRIDATE.

Vous les aimez tous deux, vostre bouche est discrette;
Mais pourquoy me celer le lieu de leur retraicte?

S'ils reuiennent enfin sans craindre mon pouuoir,
Ils verront le plaisir que i'auray de les voir.

ORMENE.

Seigneur, ie le dirois si i'estois mieux instruite,
Des chemins inconnus, où s'adresse leur fuite:
Et ie n'oposerois contre vos volontez,
Que mes profonds respects, & vos propres bontez.

OROSMANE.

O fils, qui n'es plus fils, ie lis dans ta pensée!
I'y voy ta violence, & ta flamme insensée;
Tu portes sur le front ton iniuste desir,
Les marques de ton crime, & de ton desplaisir.
Tu crois ne rien gaigner, si tu perds Polixene;
Ta voix en nous flatant, est vn chant de Sirene;
Tu crois nous endormir, par des termes si dous,
Surprendre nostre esprit, & te mocquer de nous.
Mais apprends inhumain, que ie sçay ta malice;
Que ma raison void clair, dans ce noir artifice;
Et que pour descouurir ce que tu veux sçauoir,
Ta plus grande fureur manqueroit de pouuoir.
Ie sçay bien, ô cruel, que ta rage est extréme;
Mais arme tes bourreaux, ou sois bourreau toy-
    mesme.
Aplique à la torture, vn Prince malheureux;
Sois inhumain, sois Tigre, il sera genereux.

TIRIDATE.

Quoy donc, i'auray perdu le fruict de tant de peine?
Et bien, soit, il est vray, i'adore Polixene:
Je ne veux plus cacher que i'en suis enflamé;
Cet obiet est trop beau pour n'estre pas aimé;
I'ay des yeux, elle est belle, autant qu'il est possible;
Ses gardes ont des traicts, & moy ie suis sensible.
Peut-on ne l'aimer point en voyant ses apas?
Jl faudroit s'estonner si ie ne l'aimois pas.
Qu'elle aille en me fuyant iusqu'au bout de la Terre,
Plus viste qu'vn torrent i'iray porter la Guerre,
Ie la suiuray par tout, & les Bois, & les Mers,
Et les pleines de sable, & les affreux deserts,
Les monts, & les rochers qui s'esleuent aux nuës;
Ny des abysmes creux les routes inconnuës;
Ny les soldats armez, ny le feu, ny le fer,
Ny le secours du Ciel, ny celuy de l'Enfer,
Ne sçauroient empescher qu'vne illustre conqueste,
Du plus beau des Lauriers n'enuironne ma teste;
Et qu'apres ces trauaux ie ne reuienne vn iour,
Couronné par les mains, & de Mars, & d'Amour.

ORMENE.

Seigneur, en attendant que le destin la rende,
A ce cœur affligé puis qu'il la luy demande:
Veüillez-vous deliurer d'vn obiet desplaisant;
Vostre seuerité m'oblige en le faisant;

N'offencez point les yeux d'vne nouuelle Espouse,
Des regards importuns d'vne femme jalouse.
Goutez (en me donnant vn tombeau sous ces murs)
Et des biens sans trauerse, & des plaisirs tous purs.
Accordez à mes pleurs la mort que ie desire ;
Et croyez-moy, Seigneur, que le iour ny l'Empire,
N'ont rien d'assez puissant pour causer mon regret ;
Que si vous permettez à mon esprit discret,
De vous nommer vn mal plus fort que ma constance,
C'est là la perte, Seigneur, de vostre bien-veillance ;
Elle seule m'afflige, elle seule auiourd'huy
Me fait sentir ma peine, & la gloire d'autruy.
A toute heure l'Amour r'appelle en ma memoire,
Ces moments bien-heureux, & pour moy pleins de
    gloire,
Où vos yeux dans les miens adoroient des appas,
Que vous croyez y voir, & que ie n'auois pas.
A toute heure l'Amour, qui veut m'oster la vie,
D'vne felicité que vous m'auez rauie,
Fait le tourment secret de mon cœur esperdu,
Et me dit que ce bien ne peut m'estre rendu,
Mais dans ce mal pressant, Seigneur, ie vous le
    iure,
Ie souspire, ie pleins, mais tousiours sans murmure :
Quels que soient vos mespris, quel que soit mon
    malheur,
Vous verrez mon respect plus fort que ma douleur :

                                    G iij

Et quand i'auray laßé la fortune inhumaine,
Ma mort vous fera voir quelle eſtoit voſtre Or-
    mene.

OROSMANE.

Helas ! à ce propos qui doit t'eſtre ſi cher,
Ton cœur ſe deuroit fendre, & fuſt-il de rocher:
Cependant auiourd'huy, ie voy que ce remede
T'eſmeut ſans te purger du mal qui te poſſede:
Tu fremis ſous l'effort que te fait la raiſon,
Mais ton ame pourtant, veut garder ſon poiſon:
Tu te plais de ceder au vainqueur qui te dom-
    pte,
Tu vois bien la vertu, mais elle te fait honte;
Tu rougis, mais enfin tu ne peux conſentir
Au conſeil que te donne vn iuſte repentir:
Eſclaue du peché, tu veux ſuiure ton Maiſtre;
Tu le connois meſchant, mais quoy, tu le veux eſtre;
Et bien pourſuy, pourſuy tes iniuſtes deſſeins:
Mais ie croy que la mort a ſauué de tes mains
Polixene, & Tigrane, en vn iour ſi funeſte;
Exerce ta fureur, ſur tout ce qui te reſte.

TIRIDATE.

Il les
chaſſe.

Allez, obiets faſcheux, qui troublez mes plaiſirs,
Si ce preſage eſt vray, ie ſuiuray vos deſirs;
Et ſi par ce Tombeau, la Tombe m'eſt ouuerte,
Vous eſtes bien certains d'accompagner ma perte.

PHARNABASE.

Ha ! Seigneur, Ha ! Seigneur, oubliez-vous son
    rang?
Et le respect du Trosne, & le respect du sang?
Quoy? n'escoutez-vous plus, dedans cette aduan-
    ture,
La voix de la raison, la voix de la Nature,
Elles de qui la terre, obserue, & suit les loix?

TIRIDATE.

Il n'est point d'autre Loy, que le vouloir des Rois:
C'est de nous qu'elle vient, tous puissants que nous
    sommes;
C'est nous qui sommes Dieux, qui la donnons aux
    hommes;
Mais bien que les mortels la doiuent respecter,
Celuy qui fuit vn joug, ne le doit pas porter.

PHARNABASE.

Le Prince est vn objet que l'Vniuers contemple;
Chacun bon ou mauuais, se forme à son exemple;
C'est luy qui perd le peuple, ou c'est luy qui l'instruit;
Il marche le premier, tout le reste le suit;
S'il obserue les Loix, elles semblent aisees;
Mais lors qu'il les mesprise, elles sont mesprisees;
Et ie dis franchement (bien que i'en sois hay)
Qu'il leur doit obeir, s'il veut estre obey.

TIRIDATE.

Le Prince dans le Trofne où l'efclat l'enuironne,
Par les rayons brillants que iette la Couronne,
Et par ceux d'vne foudre encor prefte à darder,
Empefche les fubiets de le tant regarder.

PHARNABASE.

De quelque foudre enfin dont fa main foit pourueuë,
Il eft trop efleué pour n'eftre pas en veuë;
Et c'eft ce qui l'oblige à faire fon deuoir,
Sçachant qu'il ne fait rien que l'on ne puiffe voir.

TIRIDATE.

Si ie trouue ma Reine apres cette Victoire,
Plus i'auray de tefmoins, & plus i'auray de Gloire;
Et ie voudrois pouuoir par cent combats diuers,
La mener en Triomphe aux yeux de l'Vniuers;
Ie tiens ma flame iufte autant qu'elle eft plaifante,
Quel Demon de lumiere à mes yeux fe prefente?
Polixene Trompeufe illufion dont les charmes puiffans,
arriue. Font naiftre vn vray plaifir en deceuant mes fens;
Ne te diffipe point, laiffe durer ma ioye.

SCENE

SCENE
QVATRIESME.

PHRAARTE, TIRIDATE, POLIXENE,
PHARNABASE, Troupe de GARDES.

PHRAARTE.

Ristesse, rentre au cœur, de peur qu'on ne   *Il dit ce*
    te voye.   *vers bas.*
  J'ataquois l'ennemy, par le costé de l'eau,
  Lors qu'vn homme en courant est sorty
    du Chasteau,
Qui poussé des fureurs qui mestrisoient son ame,
A donné d'vn Poignard dans le sein de Madame:
Et par vn second crime horrible à racompter,
Dans le milieu de l'onde a voulu la ietter:
Mais vn Tronc par bon-heur à sa robe acro-
    chée,
Diuerty ce dessein, & sa perte empeschée,
J'a couru promptement : mais estant arriué,

II

I'ay couru promptement, mais estant arriué,
Cet homme à trauers l'eau s'estoit des-ja sauué;
Or soit que la frayeur empeschast sa cholere,
Ou qu'il fust trop pressé, la blessure est legere:
I'ay cru de mon deuoir en cette noüueauté,
D'en venir rendre compte à vostre Majesté,
Et de luy presenter cette belle captiue.

TIRIDATE.

Je suis par ton moyen, le plus heureux qui viue!
Ie ne puis te payer, ie t'en fais vn adueu;
Car en te donnant tout, ie te donnerois peu.
Madame, quel Demon, quel Monstre, quel Bar-
bare
A respandu le sang d'vne beauté si rare?
Quelle main sacrilege, a pû frapper vn corps,
Où la Nature a mis ses plus riches Tresors?
N'a-telle point tremblé lors qu'elle a fait ce crime?
Monstre, qui que tu sois, tu seras sa victime:
Ha! Madame, voyez en ma pasle couleur,
L'effect de vostre sang, qui cause ma douleur.

POLIXENE.

Ha! cruel, si mes maux ont pour toy quelques
charmes,
Laisse couler mon sang, taris plustost mes larmes:
Et sans pleindre ce corps que l'Amour a frappé,
Va remettre Orosmane en son Trosne vsurpé.

Inhumain, peux-tu bien le ſçauoir à la chaine,
Et t'offrir ſeulement aux yeux de Polixene?
Arreſte, arreſte enfin, ton iniuſte courroux;
Ne deſeſpere plus; ny moy; ny mon Eſpoux;
Conſidere les pleurs de ta pudique femme;
Va luy rendre ton cœur, va luy rendre ton ame;
Tu n'aduanceras rien, ton crime a beau parler;
Ma conſtance eſt vn roc, qu'on ne peut esbran-
          ler;
Tu me verras courir à mon heure fatale,
Auant que contenter ta paſſion brutale:
Sois pour ton intereſt vn peu moins vicieux;
Crains, crains le chaſtiment, ſonge qu'il eſt des
          Dieux;
Et qu'vn vſurpateur a touſiours ſur la teſte,
La foudre eſpouuentable à tomber toute preſte.

TIRIDATE.

Non, non, ne croyez-pas que mon ambition
M'ait obligé de faire vne telle action;
Outre qu'on m'a veu naiſtre auec vne Couronne,
La fortune qui m'aime, eſt celle qui les donne;
Et ſans prendre la leur, ce bras a le pouuoir
De m'en acquerir cent, ſi ie les veux auoir.
Mais ſouffrez mon diſcours, il eſt pour voſtre
          Gloire:
Ie ſuy, ie ſuy l'Amour, & non pas la Victoire:

Ce viſage adorable impoſe aux volontez,
Vne nèceſſité d'adorer ſes beautez:
Si cela vous deſplaiſt dedans cette aduanture,
Accuſez vos appas, accuſez la Nature,
Vous eſtes trop aimable, obiet rare & charmant,
Et moy ie voy trop clair pour n'eſtre pas Amant.
Mais ie veus que l'Amour ſoit le ſeul qui vous
　　force,
Et pour vous poſſeder ie veux faire vn diuorce,
Par là voſtre vertu ſe pourra contenter:
Vne double Couronne eſt plaiſante à porter:
Songez-y Polixene, & ſuiuez mon enuie,
Si vous auez deſſein qu'Oroſmane ait la vie;
Donnez-moy voſtre amour, donnez-moy voſtre
　　cœur;
Traictez bien vn vaincu, pour l'eſtre du vainqueur.

POLIXENE.

Vne Couronne eſt belle, elle doit eſtre chere;
Ce doit eſtre vn Treſor que les iours d'vn beau-pere;
Mais ie n'eſtime point, ny plaiſir, ny bon-heur,
Ny Couronne, ny Pere, à l'eſgal de l'honneur.
C'eſt luy ſeul que ie ſuy; c'eſt luy ſeul que i'adore;
Afin de le ſauuer, que tout periſſe encore;
Pere, ſœur, & mary, moy-meſme ſi tu veux:
Si tu m'oſtes le fer, vois que i'ay des cheueux;
Ie trouueray la mort pour ſortir de miſere,
Et reioindray bien toſt, Eſpoux, & Sœur, & Pere.

Elle entend pour s'eſtrangler

TIRIDATE.

O fier & beau subiect de mon affection!

POLIXENE.

O desplaisant obiet de mon aduersion!

TIRIDATE.

Ie suis forcé d'aimer en voyant ce visage;

POLIXENE.

Redonne-moy les mains, & m'en permets l'vsage,
Laisse agir mon amour, laisse agir ma fureur,
Je veux le deschirer, ie veux te faire horreur.

TIRIDATE.

Empeschez la Phraarte, ô femme inexorable!
O Demon plein d'appas! ô Tigresse adorable!
Apres que vainement mon cœur a combatu,
Ie te deurois haïr.

POLIXENE.

> *Pourquoy ne le fais-tu?*

TIRIDATE.

Il faudra bien enfin chercher quelque alegeance;
Et i'espere trouuer vne douce vangeance.

POLIXENE,

O Dieux!

TIRIDATE.

Mais ie promets de faire mes efforts,
Pour incliner l'esprit sans contraindre le corps.
Comme i'ay toujsours creu la Victoire assurée,
Il luy mon-stre vne Tente. *Vostre chambre, Madame, est desia preparée,*
Vous plaist-il pas entrer?

POLIXENE.

Execrable bourreau,
N'en fais pas mon logis, mais fais en mon Tombeau,
Elle entre *C'est toute la faueur que pretend Polixene:*

TIRIDATE.

Qu'on mette à la seruir, des femmes de la Reine;
Il parle à ses Gar-des. *Cet esprit orgueilleux, se vaincra par douceur;*
Et n'importe comment i'en sois le Possesseur.

Fin du troisiesme Acte.

ACTE IV.

EVPHORBE, PHRAARTE, TIRIDATE,
PHARNABASE, ORMENE, POLI-
XENE, OROSMANE, CASSAN-
DRE, TIGRANE, Troupe de GARDES.

SCENE PREMIERE.

EVPHORBE, PHRAARTE.

EVPHORBE.

QVELQVE extréme que soit le mal qui
possede,
Si vous nous assistez, il n'est pas sans re-
mede:
Pour mettre à la raison cet esprit violent,
Le Prince de Frigie auec vn camp vollant,

Il est ve-
stu en pa-
sant auec
vn panier
plein de
fruicts
qu'il feint
de venir
vendre au
camp.

Ne marchant que de nuit à la faueur des ombres,
Et ſoas l'obſcurité des foreſts les plus ſombres,
Par vne diligence eſgale à ſon ſoucy,
Sans eſtre déſçouuert, s'eſt rendu pres d'icy.
Or comme il connoit bien que voſtre ame eſt trop
　　　haute,
Pour approuuer iamais vne pareille faute,
Sçachant que la iuſtice eſt iointe à ſon courroux,
Il a voulu, Seigneur, me deſpeſcher vers vous.
Il vous eſt obligé d'vn aduis ſalutaire,
Que ſa diſcretion ſçaura touſiours bien taire,
Et qu'il reconnoiſtra, vous deuez l'eſperer;
Puis qu'il m'a commandé de vous en aſſurer.
Ce Prince ne vient point pour oprimer le voſtre;
Sa vertu ſeulement, hait le crime d'vn autre,
Tout l'Vniuers connoiſt qu'il n'eſt pas l'agreſſeur;
Et qu'il n'a d'intereſt que celuy de ſa ſœur.
Ainſi voſtre grand cœur ſauuant cette Prouince,
Peut ioindre ſon pouuoir à celuy de ce Prince:
Ainſi voſtre credit peut ſauuer auiourd'huy
L'honneur de voſtre Maiſtre, en vous ioignant à
　　　luy.
C'eſt par moy que le mien vous ouure ſa penſée;
Sous ce ruſtique habit voſtre garde aduancée,
M'a permis de paſſer (ſon œil eſtant deçeu)
Voila de point en point, l'ordre que i'ay receu.
Apres ce que i'ay dit, c'eſt à vous à me dire,
Si la choſe eſt conduite au point qu'on la deſire;

　　　　　　　　　　　　　　　　　Ce

Ce deſſein important ne peut eſtre remis ;
Il le faut acheuer, & vous l'auez promis.

PHRAARTE.

Le Ciel me ſoit teſmoin, que mon ame hardie
Ne commettroit iamais aucune perfidie,
Et qu'en l'intelligence, ou i'engage ma foy,
Ie taſche de ſauuer la gloire de mon Roy.
Retournez promptement, dittes à voſtre Maiſtre,
Qu'il ſe mette en bataille, & ſe face paroiſtre ;
Et que ſans plus tarder il marche au meſme in-
   ſtant,
L'enſeigne deſployée, & le tambour batant.
Qu'vn Heraut le deuance, auec vn Manifeſte
De ſes intentions, & ie feray le reſte.
Qu'il marche ſeulement i'iray le receuoir ;
Ie connois nos ſoldats, & ie ſçay mon pouuoir ;
I'ay des-ja preparé l'eſprit des Capitaines ;
En vn mot, dans le camp mes loix ſont ſouueraines.

EVPHORBE.

I'y volle donc ;

Il s'en-
va.

PHRAARTE.

             Allez ! ô Dieux iuſtes & ſainƈts,
Donnez-moy le ſuccez eſgal à mes deſſeins ;
Faites que le pouuoir que i'ay dans noſtre Armée,
Face bien reüſſir l'entrepriſe formée :

                                   I

Et que tous nos soldats veüillent ainsi que moy,
S'opposer mesme au Roy pour la gloire du Roy.
Mais ie le voy venir, fuyons de sa presence;
Cet important dessein veut de la diligence;
Il n'est point de moments qui ne soient precieux;
Allons, remettons-nous entre les mains des Dieux.

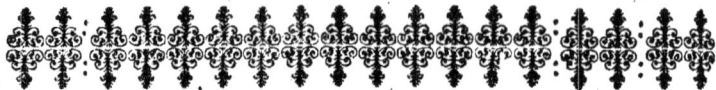

SCENE
DEVXIESME.

TIRIDATE.

STANCES.

Raison, dont la voix importune,
Veut s'opposer à ma fortune,
Cesse d'affliger mes esprits :
En vain par tes discours, tu parois si subtile;
Ie ne t'escoute plus, ta peine est inutile;
Raison, le conseil en est pris.

Ne dis plus qu'en cette aduanture,
Mon cœur offence la Nature,

Et qu'il a d'iniustes desirs,
Fascheuse conseillere, il ne te sçauroit croire,
Et son ambition a trop cherché la Gloire,
Il est temps qu'il songe aux plaisirs.

Quelque frayeur que ta voix donne,
Celuy qui porte vne Couronne,
Est trop haut pour en estre atteint.
Il dort parmy l'orage ainsi qu'en la bonace;
Et de quelque danger que le sort le menace,
Il n'est pas Monarque s'il craint.

Les Roys sont au dessus des crimes,
Toutes choses sont legitimes,
Pour les Princes qui peuuent tout,
Et quelque auersion qu'ait la personne aimée,
Il y va de leur gloire & de leur renommée,
Si leur pouuoir n'en vient à bout.

Ainsi conseiller indiscrette,
Mauuaise & fascheuse interprette,
Ne me viens plus tant discourir:
Mon cœur ne despend plus de ton humeur sauuage;
Et des-ja mon Nauire est si loing du riuage,
Qu'il faut acheuer, ou mourir.

Cette illustre & belle conqueste,
Promet vn laurier à ma teste,

Qui fera fans comparaifon:
Et fi ie puis gaigner le cœur de Polixene,
La fortune autrefois auec bien plus de peine,
　　Ne donna pas tant à Iafon.

　　Mais foit que le deftin propice,
　　Luy face accepter mon feruice,
　　Ou foit qu'elle ait trop de rigueur:
Poffedons feulement cet objet plein de Gloire,
Et pour accompagner la premiere Victoire,
　　Nous gaignerons apres fon cœur.

C'eft en vain que ie prie, en vain que ie foufpire;
Tout ainfi qu'en la guerre en l'amoureux Empire,
Le butin fe doit prendre, & non pas demander,
Et dans l'vn, & dans l'autre il faut tout hafar-
　　der.
Qu'elle foit à fon gré pitoyable ou rebelle;
D'vn fort bien deffendu la prife en eft plus belle;
Toufiours les plus hardis font veus les plus heu-
　　reux;
Plus on eft violent, plus on eft amoureux;
Par la difficulté noftre ame eft amorcée;
Et toufiours la pudeur fe plaift d'eftre forcée.
Les contraires fouuent font veus en mefme iour;
Telle pleure d'ennuy, qui pleurera d'amour;
Et telle nous mal-traicte, & telle nous refufe,
Qui pour nous contenter ne cherche qu'vne excufe;

Son cœur paroiſt de glace, eſtant ſouuent bruſlé;
Et l'eſprit d'vne femme eſt bien diſſimulé.
Ainſi, quoy qu'il en ſoit, vne douce contrainte,
Eſtablit mes plaiſirs, & diſſipe ma crainte;
On n'eſt plus en eſtat de me rien refuſer;
Et pour eſtre content il ne me faut qu'oſer,
Oſons donc.

SCENE

TROISIESME.

PHARNABASE, TIRIDATE.

PHARNABASE.

Ans le camp s'eſleue vn grand   Il ac-
        court.
murmure,
Qui tout confus qu'il eſt m'eſt de mauuais augure;
Chacun paroiſt eſmeu, chacun y parle bas;
Et tous ont vn ſecret que ie ne comprends pas.
Chacun ſort, chacun marche, ou pluſtoſt chacun volle;
D'vn pauillon à l'autre on paſſe la parole;

I iij

Enfin tout voſtre camp eſt en confuſion;
Et ie crains la reuolte en cette occaſion.
Que voſtre Majeſté iuge dans cette affaire,
Et ce que ce peut eſtre, & ce qu'elle doit faire.

TIRIDATE.

Ta foibleſſe, reſueur, eſt ſans comparaiſons,
Vne terreur panique, a troublé ta raiſon:
Qui veux-tu qui s'oppoſe à ma bonne fortune?
Toutesfois pour calmer cette rumeur commune,
Porte l'ordre à Phraarte, & mes commandemens;
Qu'il tire tout mon camp de nos retranchemens;
Qu'il le mette en Bataille afin que ie m'y rende:
I'iray voir ce que c'eſt, fais ce que ie commande.
Mais toy-meſme, mon cœur, eſuite vn œil jaloux,
Qui ſuit vn œil diuin, qui s'approche de nous;
Eſuite vne faſcheuſe auecques Polixene:
Quitte vn objet d'Amour pour vn objet de haine.

SCENE
QVATRIESME·

ORMENE, POLIXENE, OROSMANE.

ORMENE.

IE sçay bien que l'espoir nous quitte le der-
    nier;
Mais vous voyant captiue, & le Roy pri-
    sonnier,
Ma sœur, ie ne voy rien qui ne nous soit contraire:
Tant de gens vont chercher vostre Espoux, & mon
    frere,
Qu'on le peut descouurir en quelque lieu qu'il soit;
Et ie le tiens perdu, si quelqu'vn l'apperçoit.
Ainsi pour les sauuer, & vous sauuer vous-mes-
    me,
Cedez, ma sœur, cedez au vainqueur qui vous
    aime:
Il a raison de suiure vn objet si charmant ;
Ouy, dans son inconstance, on void son iugement;

Et de quelque douleur que ie me trouue atteinte,
Vos yeux font fon excufe & condamnent ma plainte,
Ie vois efgallement la caufe de mes maux,
Et dans voftre merite, & dans tous mes deffauts:
Auffi me void-on perdre vne amitié fi chere,
Non pas fans defplaifir, mais au moins fans colere:
Ie reçoy ma difgrace auec fubmiffion,
Et mon refpect s'oppofe à mon affliction.
La Loy de nos pays luy permet ce diuorce:
Et que ne peuuent point les armes & la force?
Ainfi donc fagement fauuez de fon courroux,
Et mon Pere, & Tigrane ; en vn mot, fauuez-
　　vous.

Pour moy que le deftin fit naiftre infortunée,
Voyant qu'il a coupé le fainct nœu d'Hymenée,
Voyant qu'il a rompu le fil de nos amours,
Ie veux trancer encor la trame de mes iours;
Ie veux par mon trefpas affouuir la fortune:
Jl a ceffé d'aymer ceffons d'eftre importune;
Ouy, mon cœur, fans te perdre en regrets fuperflus,
Souuiens-toy pour mourir qu'on ne nous ayme plus.

POLIXENE.

Quoy, Madame, eft-il vray que vous teniez mon
　　ame,
Capable de brufler d'vne illicite flame?
L'auez-vous remarqué dans mes deportemens?
Et faites-vous de moy ces mauuais iugemens?
　　　　　　　　　　　　　　　　　Quel

Quel conseil donnez-vous à mon ame affligée?
Et pour quelle raison m'auez-vous outragée?
Ce sang qui coule encor ne vous fait-il point voir,
Si i'estime la vie à l'esgal du deuoir?
Vous me voyez en pleurs, vous me voyez blessée,
Et vous pouuez former cette iniuste pensée!
L'honneur & la vertu m'ont fait chercher la mort,
Et vous doutez encor si mon esprit est fort!
I'ay mesprisé les vœux, i'ay mesprisé la pleinte,
Et l'Amour n'auroit peu ce que pourroit la crainte!
Dans ces diuersitez i'abhorre esgallement,
Tiridate cruel & Tiridate Amant;
Son respect, sa fureur, sa plainte, ou sa menace,
Ses pleurs, ou son reproche, ou sa haine, ou sa grace,
Tout cela ne peut rien contre vn cœur animé,
Qui le hait d'autant plus qu'il s'en connoist aimé.
Tigrane, en quelque lieu que le sort te retienne,
Sçache que ma constance est esgalle à la tienne;
Ta pitoyable main n'a pû m'oster le iour,
Mais en me le laissant tu m'as laissé l'Amour:
Viens d'vn courage ardent & d'vne main hardie,
En conseruant ton bien punir la perfidie;
Viens genereux Lyon deschirer à mes yeux,
Vn monstre abominable autant que furieux.
Soule, soule auiourd'huy ta colere equitable,
De l'infidelle sang d'vn Prince detestable;
Ou si le sort cruel choque encor ton dessein,
Vne seconde fois viens moy percer le sein.

K.

ORMENE.

Dieux, ſauuez-les tous trois ſans perdre Tiridate!

POLIXENE.

O peu ſenſible ſœur!

OROSMANE.

O fille trop ingratte!

SCENE

CINQVIESME.

CASSANDRE, OROSMANE,
POLIXENE, ORMENE.

CASSANDRE.

Caſſan-
dre dit ce
vers à l'o-
reille de
la Reine.

Ve voſtre Majeſté ſe dérobe vn mo-
ment,

OROSMANE.

Elle s'en
va apres
vne gran-
de reue-
rence.

Va femme ſans courage & ſans reſſentiment,

Va te charger encor de la haine publique.
Mais vous qu'vn noble feu, qu'vne ardeur heroi-
    que,
Esleue au plus haut poinct où monte la vertu,
Esperez le Triomphe ayant bien combatu:
Quelques maux infinis que le destin m'enuoye,
Cette force d'esprit me donne de la ioye,
Et me faict esperer que nous vaincrons enfin,
La rigueur du Tiran & celle du destin.

POLIXENE.

Gardons la liberté que ce cruel nous donne
De parler sans nous voir escoutez de personne,
Conseruons la Seigneur auec discretion,
Comme le seul remede à nostre affliction.

OROSMANE.

Dieux, sauuez Polixene & la rendez heureuse!

POLIXENE.

Elle viura contente, ou mourra genereuse:
Mais la Reine reuient ne la raprochons plus;
Les plus iustes propos sont propos superflus,
Au poinct où ie connoy que son ame est bles-
    sée;
Et ie n'ay que trop veu le fonds de sa pensée.

SCENE
SIXIESME.

TIGRANE, ORMENE.

TIGRANE.

Ous ne tesmoignez point vne forte ami-
tié,
Ny par vostre frayeur, ny par vostre pitié,
Madame, vous sçauez quand vn mal est ex-
tréme
Qu'on luy doit opposer vn remede de mesme,
Et le nostre est si grand, que le fer & le feu,
Pour nous en garantir sont encore trop peu.
L'estat est enuahy, mon Pere en seruitude,
Vostre Zelle amoureux payé d'ingratitude,
Et vous dormez encor preste de succomber,
Au bord du precipice où vous allez tomber!
Dieux que fait ce grand cœur, vous voyant mes-
prisée?
Tournez, tournez les yeux vers la ville em-
brasée,

Cherchez ce grand Palais qui vous estoit si cher,
Le voyez-vous, Madame, ou plustost vn bucher.
Peignez-vous dans l'esprit des Meres desolees;
Des enfans esgorgez, des filles violees;
De la flame, du sang, des temples prophanez;
Des femmes sans honneur, des hommes enchai-
    nez,
Des ramparts démolis : & la richesse encore,
Que le soldat emporte ou que le feu deuore;
Du bruit, des pleurs, des cris, des charbons & du
    fer;
Vn desordre effroyable, vn tableau de l'enfer;
Imprimez ces obiets en vostre fantaisie;
Et puis figurez-vous que telle est Amasie.
Telle est cette Cité que l'on vid autrefois,
La merueille du monde & le sejour des Roys.
Apres cela, Madame, il me reste à vous dire,
Ce que la raison veut & ce que ie desire:
Mais sans nous amuser en discours superflus,
Vostre cœur doit m'entendre, ou vous n'en auez plus.

ORMENE.

Parmy l'excez des maux que ie porte dans l'ame,
Ie voudrois que mon sang esteignist cette flame,
Et que pour vous tirer du trouble où ie vous voy,
La colere des Dieux ne tombât que sur moy.
Certes mon interest ne fait pas ma misere;
Ie souffre pour ma sœur, ie souffre pour mon pere;

Et le plus dur trespas me sembleroit bien doux,
Si ie le receuois, & pour eux & pour vous.
Mais que pourrois-ie faire en l'estat où nous som-
*　mes?*
Ha! nostre guarison ne despend point des hommes,
Il faut vn coup du Ciel pour nous en garantir.

TIGRANE.

Non, non, c'est de ma main que ce coup doit partir:
Mais c'est à vous à faire vn acte plein de gloire,
Dont les siecles futurs garderont la memoire;
Et qui fera benir à la posterité,
Et vostre grand courage & vostre pieté.
Ie vous coniure donc (vous seule en qui i'espere)
Par l'amour du pays & par celle d'vn pere;
Par vostre propre gloire & par mon interest,
D'embrasser ma querelle equitable qu'elle est.

ORMENE.

Ie ne vous entends point :

TIGRANE.

*　　　　　　Secondez mon attente ;*
Et malgré ce Tiran qui fait garder sa Tente,
Donnez moy le moyen de m'aprocher de luy,
C'est tout ce que mon bras vous demande auiour-
*　d'huy.*

ORMENE.

O Dieux!

TIGRANE.

Apres cela, si ie ne vous deliure,
Qu'on me face mourir comme indigne de viure.

ORMENE.

Saisi d'estonnement, de tristesse & d'horreur,
Mon esprit m'abandonne, & fuit vostre fureur.
Ha! ne m'inspirez point cette damnable enuie,
Si le Roy Monseigneur s'attaque à vostre vie,
Ie veux mourir pour vous, c'est mon plus grand soucy;
Mais si vous l'attaquez, ie veux mourir aussi.
Entre ces deux deuoirs mon ame balancée,
Ne peut iamais auoir vne iniuste pensée;
Et de quelques propos qu'on tasche à m'animer,
Je vous dois secourir, mais ie le dois aimer.

TIGRANE.

Quoy, vous deuez aimer vn Tiran, vn parjure?
Qui choque esgallement l'Amour & la Nature?
Vn Monstre abominable, vn Tigre sans pitié?
Qui mesprise les Dieux, l'honneur & l'amitié?
Qui destruit cét Estat par vne iniuste haine?
Qui vous retient captiue & mon pere à la chaine?

Qui sur nostre infortune esleue son bon-heur?
Qui veut m'oster le iour, qui veut m'oster l'hon-
neur?
Quoy, vous deuez aimer, vn barbare, vn infame?

ORMENE.

Ouy, ie le dois aimer puis que ie suis sa femme.

TIGRANE.

Plustost que de souffrir sa haine & son mespris,
Que ne secondez-vous le dessein que i'ay pris?

ORMENE.

L'honneur me le deffend;

TIGRANE.

L'amitié vous l'ordonne:
Quel reffus on me fait!

ORMENE.

Quel conseil on me donne!

TIGRANE.

Vn conseil genereux:

ORMENE.

Vn conseil criminel;
Qui noirciroit mon nom d'vn reproche eternel.
TIGRANE

TIGRANE.

Voſtre gloire, Madame, eſt bien plus aſſeurée,
Eſtant ſœur ſans pitié, fille deſnaturée,
Et preferant à nous, & preferant à vous,
Vn traiſtre,

ORMENE.

Mais mon Roy,

TIGRANE.

Mais cruel,

ORMENE.

Mais Eſpoux.

TIGRANE.

Comment pretendez-vous vaincre ſa violence?

ORMENE.

Et par ma paſſion, & par ma patience;
Et de quelque façon qu'il mal-traitte mon cœur,
Ces armes ſeulement combatront ſa rigueur.

TIGRANE.

Ainſi donc par l'erreur d'vne ſœur ſi changée,
Polixene, ta mort ne ſera point vangée?

L

Et ton sang respandu que ce fer luy fait voir,
Tout'chaud qu'il est encor ne pourra l'esmouuoir!
I'auray donc vainement satisfait ton enuie,
En ne te suiuant point en conseruant ma vie!
Et par ces sentimens qu'elle a pour m'affliger,
I'auray vescu pour pleindre , & non pour te van-
    ger!
Que ce Tiran se cache en la nuit la plus sombre,
Et son sang, & le mien appaiseront ton ombre;
Ie te le iure encor, par le sainct nom des Dieux;
I'iray le poignarder, en vos bras, à vos yeux;
Ouy, Madame, ma main ayant commis ce crime,
Doit à ce noble sang l'vne & l'autre victime;
Ouy nous deuons mourir en ce commun malheur,
Luy d'vn fer, vous de honte, & moy seul de douleur.

ORMENE.

I'excuse ce transport par l'erreur qui le cause:
Mais vous ne sçauez pas le succez de la chose;
L'on a pris Polixene :

TIGRANE.

                    O foible inuention,
Pour arrester ma main , & mon affliction!

ORMENE.

Ie ne vous trompe point , i'exprime ma pensée:

TIGRANE.

Cette main le fçait trop, elle qui l'ableßée ;
Elle encor qui dans l'eau .....

ORMENE.

Non, fans doute elle vit,
Elle eſt dans noſtre camp ;

TIGRANE.

Ce diſcours me r'auit !
Tu vis donc Polixene, & le Ciel pitoyable,
A fait en ma faueur vn miracle incroyable !
Polixene tu vis, mon deüil s'éuanoüit :
Mais que mal à propos ſon cœur ſe reſioüit :
Polixene tu vis, mais tu vis pour vn autre ;
Nous retrouuons vn bien qui ne peut eſtre noſtre ;
Et ie t'aimeray moins (pardonne à ce tranſport)
Dans les bras du Tiran, que de ceux de la mort :
O Ciel, ô Terre, ô Dieux, ma douleur eſt trop forte !
Donnez-la moy viuante, ou rendez-la moy morte :
Me voyant affligé ſi iamais ie le fus,
Faites qu'elle ſoit mienne, ou qu'elle ne ſoit plus.
Ie connois ſon eſprit eſtant chaſte & fidelle,
Il authoriſera ce que ie dis pour elle ;

L ij

Il paroiſt content.

Il reparoiſt triſte.

Ouy, sans doute il diroit, s'il entendoit ma voix,
Qu'il est prest à sortir vne seconde fois:
Sa generosité qui n'eut iamais d'exemple;
Ce grand & fort esprit digne d'auoir vn Temple;
Bien loing de condamner vn si cruel dessein,
Baiseroit ce poignard, & m'offriroit son sein.
Mais quoy que ma douleur soit forte & legitime,
Ma main, gardons-nous bien de faire vn nouueau
    crime;
Qu'elle viue plustost cette aimable beauté;
Qu'elle ait moins de courage, & moy de cruauté;
Ouy, puisque c'est au Ciel que ma perte est escrite:
Puis que pour me l'oster le sort la ressuscite;
Puis que tout m'abandonne en l'estat où ie suis;
Puis qu'vne ingrate sœur se rit de mes ennuis;
Puis qu'elle veut mon sang, puis qu'elle le de-
    mande;
Mourons; mais iustes Dieux, ie vous la recom-
    mande.

SCENE
SEPTIESME.

TIRIDATE, Troupe de GARDES,
ORMENE, TIGRANE.

TIRIDATE.

*Voy, iusques dans mon camp le perfide
est venu?*

VN GARDE,

*Seigneur, n'en doutez point, ie l'ay bien reconnu;
Et si ie ne me trompe, il est auec la Reine.*

TIRIDATE.

*Gardes aduancez-vous, Pharnace qu'on les
prenne:
Ce secret entretien preuue leur trahison;
Mais le fer & le feu m'en feront la raison;
Qu'on ne les quitte pas.*

On luy
presente
les hale-
bardes, on
le prend
& on luy
oste son
poignard.

L. iij

ORMENE.

Quel malheur est le nostre?

TIGRANE.

Lasche, apprens que mon cœur ne craind ny l'vn ny
*　l'autre;*
Et que si le destin n'eust rompu mon dessein,
Ie venois te cacher ce poignard dans le sein.

TIRIDATE.

On les
oste de là. *Ie ris de ta colere ainsi que de ses larmes.*
Il parle à *Mais il faut que mon camp demeure sur les armes;*
vn de ses
gardes. *Va le dire à Phraarte, afin qu'en liberté,*
Ie songe à les punir de leur temerité:
Et que le bruit confus des Troupes amassees,
Ne vienne point troubler mes diuerses pensees;
Qu'il tienne tout le iour nos bataillons dressez,
La colere & l'Amour m'importunent assez.

Fin du quatriesme Acte.

ACTE V.

TIGRANE, CASSANDRE, HECVBE,
OROSMANE, TIRIDATE, Troupe de
GARDES, ORMENE, PHARNABA-
SE, TROILE, PHRAARTE.

SCENE PREMIERE.

TIGRANE.

STANCES.

Onstre sans yeux & sans prudence,
Qui regnes, & qui fais regner:
Toy, qui te plais de tesmoigner
Ton pouuoir, & ton inconstance,
Apres tant de felicité,
Vois où tu m'as precipité!

Il est en-
chaisné
dans vne
Tente, &
il a des
tablettes
à la main.

Fortune tu tiens les Couronnes,
Et par ce double aueuglement,
On connoift que fans iugement
Tu les oftes, & tu les donnes,
Mais ta faueur afiifte vn Roy,
Volage & mefchant comme toy.

Aufii quand tu fus obligeante,
Ou quand i'ay fouffert tes mefpris,
Ta main ne m'a iamais furpris;
Qui dit fortune, dit changeante;
Et i'eftois toufiours preparé
A perdre vn bien mal affeuré.

Vange tes faueurs mefprifees,
Que i'auois, & que ie n'ay plus;
Marche fur des Sceptres rompus;
Foule des Couronnes brifees;
Ie les attendois fans defir,
Et ie les perds fans defplaifir.

Mais apres que ta violence,
A repris ce qui vient de toy,
Laiffe mourir Tigrane en Roy;
Ta fureur a trop d'infolence:
Le Trofne eft vn objet plus beau,
Ne regne point fur mon tombeau.

C'eft

C'eſt toute la faueur que mon cœur te demande;
Vn indigne treſpas eſt ce que i'aprehende:
Et pourueu que mon bras ſoit maiſtre de mon ſort,
D'vn viſage aſſeuré, ie receuray la mort.
Pourueu que ce Tiran, ce Monſtre plein de vice,
Ne me choiſiſſe point le genre du ſupplice;
Pourueu que cette mort qui me doit ſecourir,
Ne vienne pas de luy, ie ſuis préſt à mourir.
Caſſandre ſi ton cœur eſt touché de ma peine,
De grace, en ma faueur, va trouuer Polixene;
Porte-luy cet eſcrit, mais va donc, ſorts d'icy;
I'attendray ſa reſponce auec bien du ſoucy:
Deſpeſche, & ſi tu peux trompe l'œil & la haine,
De ces gardes qui ſont dans la Tente prochaine:
Tu m'obligeras plus (pouuant l'executer)
Que ſi tu me rendois ce qu'on vient de m'oſter.

Elle entre
dans la
Tente.

Il luy
baille les
tablettes.

M

SCENE
DEVXIESME.

CASSANDRE, TIGRANE.

CASSANDRE.

*Eigneur , affurez-vous qu'au peril de ma
vie ,
Ie m'en vay de ce pas contenter voftre enuie.*

TIGRANE.

*Puis qu'vn Prince affligé ne peut rien defor-
mais ,
Les Dieux reconnoiftront le bien que tu me fais.
Ie les voy ; mais pourtant ma fidelle Caffandre
Ne va pas droict vers eux , on te pourroit fur-
prendre ;
Sors par l'autre cofté , feins de les rencontrer ;
Mais à ton bel efprit , on ne peut rien monftrer.*

SCENE
TROISIESME.

POLIXENE, OROSMANE.

POLIXENE.

Eigneur, c'est en ce iour que la fureur ce-
leste
Destruit auec l'Estat tout l'espoir qui
nous reste,
Et que Tigrane pris qui m'oblige à pleurer,
Deffend à ma raison de plus rien esperer.
Le Ciel veut nostre perte, il nous y faut resoudre:
Sa derniere colere, ou sa derniere foudre,
Esclatte horriblement, enfin tombe sur nous,
Et perd la Capadoce en perdant mon Espoux.
Tant que Tigrane libre , eust vescu sans con-
crainte,
Vn espoir raisonnable eust balancé ma crainte;
I'attendois tout de luy, mais helas! desormais
Vostre Trosne en sa cheute est tombé pour iamais.

M ij

Celuy dont la valeur estoit incomparable;
Celuy qui soustenoit nostre sort deplorable,
Celuy que vous aimiez, celuy qui vous aymoit;
Celuy que ie charmois, celuy qui me charmoit;
Celuy dont la vertu s'esgaloit au courage;
Va fouler d'vn Tiran l'iniustice & la rage;
Et son illustre main dans les fers d'vn meschant,
Ne vous soustiendra point en vostre âge panchant.
Ha! Seigneur, ma constance enfin est abatuë!
Le coup qui perd Tigrane est celuy qui me tuë;
Le mal qu'il va souffrir est le seul que ie sens,
Et i'accuse le sort qui nuit aux innocens.
O sort iniurieux, vois comme tu disposes,
Et des euenemens, & de l'ordre des choses!
Grands Dieux, pardonnez-moy si i'ose murmurer,
Mais ce mal est trop fort, qui pourroit l'endurer?

OROSMANE.

Le sort le plus cruel peut deuenir propice,
Il a sauué des gens au bord du precipice;
Et dans vn grand naufrage, on voit venir au port,
Des cœurs qui sçauent vaincre, & la mer & la mort.
Mais quand nostre vaisseau periroit dans l'orage,
Manquons d'heur, Polixene, & non pas de courage:
Qui souffre constamment vn destin rigoureux,
Fait voir qu'il meritoit d'estre moins malheureux;
La Gloire d'vn combat consiste à se deffendre,
Non à l'euenement: mais que nous veut Cassandre?

SCENE
QVATRIESME.

CASSANDRE, POLIXENE, OROSMANE.

CASSANDRE.

E Prince voſtre Eſpoux m'a donné cet eſcrit :

POLIXENE.

Prepare-toy mon cœur, arme-toy mon eſprit.

Elle ou-
ure les ta-
blettes.

LETTRE DE TIGRANE
A POLIXENE.

Si ma ſœur m'euſt aimé, comme elle aime vn per-
ſide,
Et qu'elle euſt ſecondé mon deſſein genereux,
I'aurois perdu noſtre homicide,
Mais elle eſt trop fidelle, & moy trop mal-heu-
reux.

M iij

Seul objet de mon cœur, aimable Polixene,
Puis qu'on void que le Ciel augmente son couroux,
  Opposons enfin à sa haine,
Vn remede asuré qui despende de nous.

Pour te sauuer l'honneur ma main te fut cruelle;
Pour me sauuer l'honneur, & rompre ma prison;
  Par vne grace mutuelle,
Que la tienne auiourd'huy me donne du poison.

Preste moy ton secours pour terminer mes peines;
Trouue moy ce poison qui me deliurera;
  Si ie n'estois chargé de chaines,
I'irois baiser la main qui me le donnera.

TIGRANE.

Triste, desesperée, interdite, & confuse,
Honneur, tu veux vn don que l'Amour te refuse:
La mort, quelque conseil que tu puisses m'offrir,
Est plus dure à donner qu'elle n'est à souffrir:
Et de tous les grands maux, honeur, le mal extréme,
Est d'en faire endurer à l'objet que l'on aime.
Tigrane, cher Espoux, ie connois en effect,
Par le mal que ie sens, celuy que ie t'ay faict,
Lors que ma volonté qui regne sur la tienne,
Força ta main au coup que tu veux de la mienne,

Mais bien qu'aprés vn coup qui m'obligea si fort,
Mon cœur paroisse ingrat en refusant ta mort,
S'il est vray, cher Espoux, que ce refus te blesse,
En faueur de l'Amour pardonne à ma foiblesse;
Tu fis voir ton ardeur en vn don si plaisant;
Et ie fais voir la mienne en te le refusant.

OROSMANE.

Non, non, la raison veut qu'on suiue son enuie:
Ie conclus à sa mort, moy dont il tient la vie;
Et malgré le discours que ie viens de tenir,
Ie voy bien qu'il est temps de songer à finir.
Ne nous opposons plus aux fieres destinées;
Acheuons ses malheurs auecques ses annees,
Et puis qu'aucun secours ne peut nous arriuer,
Ne luy refusons pas ce qui le peut sauuer.

POLIXENE.

Helas ! tout m'abandonne en si triste aduanture!

OROSMANE.

Vostre amour y resiste aussi fait la Nature;
Ie suis Pere, ce mot dit assez ma douleur,
Mais que pouuons-nous faire en vn si grand mal-
   heur?

POLIXENE.

Quoy donc, pour bien aimer il faut estre inhumaine!
Et monstrer son amour par vn effect de haine!
O pitoyable estat, où le sort me reduit!
Raison, retirez-vous vostre conseil me nuit;
Ie ne puis me resoudre à cet acte Tragique;
Et de quelque vertu que mon esprit se pique;
Et bien qu'il soit luy-mesme en estat de partir,
Je sens bien que mon cœur n'y sçauroit consentir.

OROSMANE.

Tant de difficultez ne me contentent gueres:
Ie souffre la foiblesse en des armes vulgaires,
Mais aux cœurs esleuez ce defaut me desplaist,
Tigrane estant mon fils, songez à ce qu'il est,
Et faisons que sa mort au moins puisse paroistre
Digne de la grandeur où ie l'auois fait naistre.

POLIXENE.

Mais quand i'escouterois cette fiere raison,
En l'estat où ie suis, ou prendre du Poison?

OROSMANE.

Quand à ce dernier poinct, aymable Polixene,
Il nous est bien aisé, n'en soyez pas en peine;
Les Roys de Capadoce, ainsi que ceux de Pont,
Dés l'instant qu'on leur met le Diadesme au front,

En

En ont touſiours ſur eux pour abreger leur vie;
S'il arriue iamais qu'il leur en prenne enuie:
Et dix ſiecles entiers ont leur cours acheué,
Depuis que parmy nous cet ordre eſt obſerué.
Deſſous ces Diamants voicy noſtre remede;
Voicy dans nos malheurs ce qui s'offre à noſtre aide;
Voicy ce que mon fils vous demande auiourd'huy; Il luy monſtre des bagues qu'il a.
Nous en auons aſſez, & pour nous & pour luy:
Donnez luy cette bague, & ie garderày l'autre;
Ma main vous fait ce don, il le veut de la voſtre;
Ne luy refuſez point ce preſent amoureux; Il luy baille vne bague.
Pour ne l'eſtimer pas il eſt trop genereux.

POLIXENE.

Tu vois Caſſandre enfin ce que le Roy commande; Elle luy baille la bague.
Prends ce funeſte don que Tigrane demande;
Et comme mon deſtin deſpend touſiours du ſien,
Porte dans cet anneau ſon treſpas & le mien.
Dis luy que ma douleur n'eut iamais de ſemblable;
Et qu'eſtant infinie elle eſt inconſolable;
Que i'ay des ſentimens qu'on ne peut exprimer;
Que pour viure apres luy ie ſçay trop bien aimer;
Que iamais nul ardeur n'aprocha de ma flame;
Qu'il emporte mon cœur, qu'il emporte mon ame;
Et que ſi ie reſpire encor quelque moment,
C'eſt pour aller mourir pres de luy ſeulement.
Dis luy que mon amour eſt d'immortelle eſſence;
Dis luy que les Tirans manqueront de puiſſance,

N

Qu'on verra Polixene en ce malheureux iour,
Meſpriſer leur colere ainſi que leur amour.
Dis luy Caſſandre enfin, que mon cœur le conjure,
Par ſes feux innocens, par ma flame ſi pure,
Et monſtrer ſa vertu, de ſignaller ſa foy;
De mourir noblement, & de penſer à moy.

OROSMANE.

Il luy baille des tablettes ou il vient d'eſcrire. Porte luy cét eſcrit:

POLIXENE.

Si la pitié te touche,
Dis luy que la douleur m'ouvre & ferme la bouche;
Qu'elle me fait parler, & me fait taire auſſi,
Ie n'en puis plus.

OROSMANE.

Caſſandre, eſloigne toy d'icy.

CASSANDRE.

O Dieux tout eſt perdu, le Roy nous vient ſur-
prendre.

SCENE
CINQVIESME,

TIRIDATE, CASSANDRE, Troupe
de GARDES.

TIRIDATE.

VE voulez vous cacher? monstrez le moy
Caſſandre,

CASSANDRE.

Seigneur,

TIRIDATE.

Je veux le voir, vous reſiſtez en vain.

CASSANDRE.

Je demande pardon.

N ij

TIRIDATE.

Ouurez, ouurez la main.

LETTRE D'OROSMANE

A TIGRANE.

Il lit dans les tablettes. *Esperer qu'vn Tiran puisse adoucir sa haine,*
Ce seroit manquer de raison!
Mais pour nous tirer tous de peine,
Nous ne manquons pas de poison.

OROSMANE.

Traistres, que i'ay vaincus au milieu des alarmes,
Vostre fraude pretend ce que n'ont pû vos armes;
Le Demon qui vous guide a conspiré ma mort,
Mais celuy qui me garde est plus grand & plus fort.
En vain par le poison vous attaquez ma vie;
La fortune s'oppose a cette iniuste enuie;
Elle vous a trahis afin de me sauuer;
Elle a bien commencé, c'est à moy d'acheuer;
Ouy, ie me vangeray de vos proiets infames;
Et toy cœur sans pitié qui mesprises mes flames;
Lasche Monstre d'orgueil & de desloyauté;
Ne pense plus me vaincre auecque ta beauté;
Non, non, ie n'ay plus d'yeux; ie ne voy plus tes
*   charmes;*
Ie suis sourd pour tes cris, aueugle pour tes larmes;

I'auois pris ton venin, mais dans ta trahison
Tu viens de me guarir par vn autre poison:
Mon cœur enfin vomit ce qui causoit sa peine,
L'extréme amour se change en vne extréme haine;
D'vn œil imperieux le regne va finir;
Ie sçauois l'adorer; ie sçauray le punir;
Mon cœur qui le connoist se va faire connoistre;
Il a trop fait l'esclaue, il doit faire le Maistre,
Monstre moy tes appas, fais ton dernier effort,
C'est en vain, ma colere a resolu ta mort:
Qu'on les face venir, la vangeance est aisée.
Sentimens genereux d'vne ame mesprisée;
Venez vous opposer à l'aspect dangereux
Du parricide obiet qui me fit amoureux:
Les voicy, ma fureur, monstre toy toute entiere,
Tu n'en auras iamais de si belle matiere.

SCENE
SIXIESME.

TIRIDATE, TIGRANE, OROSMA-
NE, POLIXENE, ORMENE, CASSAN-
DRE, HECVBE, Troupe de GARDES.

TIRIDATE.

N Eſt-ce pas toy meſchant, laſche, autant
　　que ruſé,
Qui iuſques dans mon Camp en habit de-
　　guiſé,
Perfide empoiſonneur, par tes ſourdes prati-
　　ques,
Viens fomenter encor nos troubles domeſtiques?
Peux tu me regarder? peux tu leuer les yeux?
Et ne rougis tu point de ton crime odieux?
Iuge par ce poiſon quel ſera ton ſuplice:
Tu connois ma valeur, tu verras ma iuſtice;
Et formant vn deſſein que rien ne peut chan-
　　ger,
Tout l'Vniuers ſçaura que ie me ſçay vanger.

Et toy fiere beauté, Tigreſſe impitoyable,
Ton crime, bien que vray me paroiſt incroyable;
Tu veux faire mourir vn cœur qui t'adoroit,
Et qui bruſloit d'amour quand le tien conſpiroit,
Le funeſte deſſein d'attenter à ma vie:
Dieux! qui peut te porter à cette iniuſte enuie:
Ma main t'offroit vn Sceptre auec peu de raiſon,
Quand la tienne pour moy preparoit du poiſon.
Mais ſçaches que mon mal n'eſt pas ſans alle-
  geance;
Ie veux te poſſeder ſans amour par vangeance,
Et quand la force aura contenté mes eſprits,
Ie veux que tu me ſois vn obiet de meſpris;
Ie veux t'abandonner auec ignominie;
Lors ie ſeray vangé, lors tu ſeras punie.
Vous grand homme de guerre & grand homme
  d'Eſtat,
Qui preſtiez vos conſeils à ce noir attentat,
Vous qui venez d'eſcrire vn billet d'importance,
Sçachez, que voſtre main a ſigné ſa ſentence;
L'Arreſt de voſtre mort eſt prononcé par vous.
Toy femme ſans honneur, de qui l'eſprit jalous,
A ſuiuy les deſſeins d'vn infidelle frere,
I'ay reſolu ta mort, rien ne m'en peut diſtraire;
Ie vous ay pris enſemble, enſemble il faut mourir;
Et l'Vniuers armé ne peut vous ſecourir.
Et vous de leurs ſecrets fidelle Meſſagere,
Quelle peine pour vous ne ſera trop legere?

On vous doit recompenſe, & vous l'aurez icy ;
Vous portez le poiſon, vous le prendrez auſſi.

TIGRANE.

Ie ne te reſponds point, pour conſeruer ma vie,
Les maux que i'ay ſoufferts m'en ont oſté l'enuie ;
Mais ie veux ſeulement te laiſſer des remords,
Qui tant que tu viuras, te donnent mille morts,
Et par le ſouuenir, & par la connoiſſance,
Et de tes cruautez, & de mon innocence.
Sçache, quand au poiſon, barbare, homme ſans foy,
Que tu le meritois, mais qu'il eſtoit pour moy :
I'en faiſois mon ſecours, i'en faiſois mon ſuplice ;
Et ie laiſſois aux Dieux à punir ta malice.
Puis que tu ſçais, cruel, que i'auois le deſſein
De te venir plonger vn poignard dans le ſein,
Ne crois pas que ie mente, en offençant ma gloire :
Non, non, ie ne tiens pas cette action ſi noire,
Qu'on la doiue nier ; au contraire, aujourd'huy,
Ie te dis à toy-meſme, autheur de mon ennuy,
Qu'apres auoir rompu noſtre ſainte alliance,
Et mal-traicté ma ſœur auec tant d'inſolence ;
Oſté le Sceptre au Roy ; l'auoir chargé de fers ;
Cauſé dans cét Eſtat les maux qu'il a ſoufferts ;
Attenté laſchement ſur l'honneur de ma couche ;
Mon courage offencé, dementiroit ma bouche,
Si ie ne publiois, que ie venois icy,
Pour te priuer de vie, en m'oſtant de ſoucy.

Ie

Ie te le dis encor, ie venois te pourſuiure;
Ie venois t'empeſcher de regner, & de viure;
Irrite ta fureur, fais tes derniers efforts;
Frape enfin, mon eſprit t'abandonne mon corps.
Pour vous qui cheriſſez celuy qui vous offenſe,   *Il parle à*
Ma bouche entreprendroit icy voſtre deffenſe,   *Ormene,*
N'eſtoit que la vertu ne me le permet pas;
L'eſtat où vous viuez, vaut moins que le treſpas;
Et la raiſon enfin, m'auroit eſté rauie,
Si ie vous conſeruois vne ſi laſche vie.
Pour vous, ma Polixene, objet de mon amour,
Ie ſçay bien que ſans moy, vous hairiez le iour,
De ſorte fier Tyran, qu'en l'eſtat où nous ſommes,
Triſtes, abandonnez, & des Dieux, & des hommes
Tout ce que ma douleur, veut obtenir de toy,
Conſiſte en ce point ſeul, laiſſe viure le Roy.

OROSMANE.

Songe, aimant la vertu, de qui tu l'as receuë;
Car ſi ie ne l'auois, tu ne l'aurois pas euë:
N'offence point toy-meſme, & ton Pere & ton Roy,
En le croyant plus foible, & moins ferme que toy.
Non, non, que ce Barbare, acheue ſon ouurage,
Sa clemence me nuit, & ſa pitié m'outrage:
C'eſt moy que ta colere attaque auec raiſon;
C'eſt de moy ſeul que vient la lettre, & le poiſon:
Ouy, ouy, crois ſi tu veux, qu'on en veut à ta
    vie.

POLIXENE.

Regardez vous ma gloire auec vn œil d'enuie?
Si ie perds le respect, i'en demande pardon;
Mais Seigneur, vous sçauez que ce funeste don,
Fut enuoyé par moy; qui dois estre punie,
Si la iustice regne, auec la Tirannie.
Ouy Monstre, ouy c'est moy, qui veux quitter le iour,
Afin de ne voir plus ton illicite amour:
Tu m'aimes, ie te hay; tu me suy, ie t'abore,
Ie mangerois ton cœur; en veux tu plus encore?

TIRIDATE.

Ha! c'est trop endurer!

ORMENE.

Elle se
met à
genoux.

Seigneur apaisez vous;
S'il faut vne victime, au feu de ce courroux,
N'en cherchez point ailleurs, la voicy toute preste:
Sauuez les de la foudre, & frappez en ma teste:
Ce cœur qui vous cherit, sçaura tout endurer,
Ce cœur croiroit faillir, s'il osoit murmurer.

TIRIDATE.

Ton orgueil est bien fort, mais ie le veux abatre:
La foudre également tombera sur tous quatre,
Qu'ils meurent:

SCENE SEPTIESME.

PHARNABASE, TIRIDATE,
OROSMANE, TIGRANE, POLIXENE,
ORMENE, CASSANDRE, HECVBE,
Troupe de GARDES.

PHARNABASE.

HA! Seigneur, ie vous l'auois bien dit. *Il acourt.*
Mais touſiours mes conſeils ont eu peu de credit.
Le Prince de Frigie, auecques ſon armée.....

TIRIDATE.

Et bien?

PHARNABASE.

Suiuant l'ardeur dont elle eſt animée,
Se fait voir aſſez pres de nos retranchemens,
Il s'eſleue vn grand cry dans tous vos Regimens,

O ij

L'Auant-garde s'aduance, & tous la pique baſſe,
Semblent porter au front, la mort, & la menaſſe,
On diroit que d'abord, ils s'en vont terraſſer
L'ennemy qui s'aproche, & qu'ils vont embraſſer.

TIRIDATE.

O Dieux! ſuis ie ſurpris par la force des charmes?

PHARNABASE.

Phraarte le premier, ayant mis bas les armes,
Tous ont fait comme luy:

TIRIDATE.

Quoy, le ſort l'a permis?

PHARNABASE.

On ne diſcerne plus, quels ſont les ennemis;
Les deux Camps ſont meſlez, & l'vn & l'autre en-
　　　ſemble,
Pour recueillir le fruiſt, du nœud qui les aſſemble,
Viennent fondre ſur vous; que voſtre Majeſté
Iuge ce qu'on peut faire, en cette extremité:

TIRIDATE.

Il veut y
courir.　Mourir, mourir au Troſne acquis par mon courage.

SCENE DERNIERE.

TROILE, TIRIDATE, ORMENE, OROS-
MANE, TIGRANE, POLIXENE, PHAR-
NABASE, PHRAARTE, CASSANDRE,
HECVBE, Troupe de GARDES, Troupe de
FRIGIENS.

TROILE.

Emeurez compagnons :

TIRIDATE.

O deſeſpoir ! ô rage !
Infidelles ſuiets, qui ſuiuez ſon deſſein ;
Acheuez, acheuez, ie vous offre mon ſein ;
Venez, traiſtres, venez m'arracher la couronhe :
Voſtre fraude l'emporte, & ie vous l'abandonne.
Quoy, ie me voy trahy ! quoy, vous m'abandon-
nez !
Laſches, monſtrez moy l'or qui vous a ſubornez.
O Troupe ſans honneur, dont mon ame eſt trompée,
Que ie meure vangé ; qu'on me donne vne eſpée,

O iij

Et qu'en mon defefpoir, ie vous faffe fentir,
Qu'on ne s'attaque à moy, qu'auec du repentir;
Qu'au milieu des malheurs, ie fçay brauer vn Trai-
ftre;
Et perdre des fujets, qui trahiffent leur Maiftre.
Toy que leur perfidie a rendu mon vainqueur,
Acheue ta conquefte, en m'arrachant le cœur;
Ton Triomphe demande vne Palme fi belle;
Et ce fameux combat, rend ta Gloire immortelle;
Tu me prends defarmé, mais non pas fans va-
leur;
Et leur trahifon fait ta Gloire, & mon malheur.

TROILE.

La feule main des Dieux caufe voftre difgrace:
Vous en fentez le coup, pluftoft que la menace;
C'eft ainfi que le Ciel accable les peruers,
Pour en faire vn exemple aux yeux de l'Vniuers.
L'intereft de ma fœur m'a fait prendre les armes,
Les Dieux ont veu vos faits, les Dieux ont veu fes
larmes;
Et fans nous amufer en difcours fuperflus,
Nous auons trop fouffert, ce qui ne fera plus.

Il parle à *Il occupoit vn lieu, dont il deuoit defcendre;*
Orofina-
ne, *Il le deuoit quiter, & vous le deuez prendre:*
La Nature l'ordonne, & la raifon auffi;

Il leur *Car enfin nul que vous ne doit regner icy.*
ofte les
chaines,

ORMENE.

Seigneur, fongez à vous, & témoignez encore,   *Elle par-*
Cette extreme bonté, qui fait qu'on vous adore :   *le à fon*
Soyez touſiours vous meſme, & d'vn eſprit égal,   *l'ere.*
Qui ne releue point, ny du bien, ny du mal,
Qui reçoit d'vn meſme œil, les fortunes diuerſes,
Regnez dans le bon-heur, comme dans les trauerſes.
Mais regnez ſur vous meſme, en cette occaſion :
Tirez l'ordre Seigneur, de la confuſion :
Ma douleur vous en donne vn ſuiet aſſez ample,
Et l'on ne faut pas moins, en pechant par exemple.
Non, non, croyez Seigneur, que la faute d'autruy
N'excuſe pas vn cœur, qui s'y porte apres luy.
Souuenez-vous Seigneur, que la vangeance eſt báſſe;
Que les cœurs genereux inclinent à la grace;
Qu'elle eſt plus glorieuſe, & qu'on s'y doit ranger,
Puis qu'on ſe vange aſſez, quand on ſe peut vanger.
Grace, grace, Seigneur, ma voix vous en coniure :
Ne m'oſtez pas la vie, en vangeant vne injure;
Sauuez le Roy, Seigneur, & penſez auiourd'huy
Que ie ſuis voſtre fille, & que ie ſuis à luy.
Au pied du meſme Troſne, où l'on m'a condamnée,   *Elle ſe-*
Pour la ſeconde fois, me voicy proſternée;   *met à*
Eſcoutez donc ma voix, qui parle pour le Roy;   *genoux.*
On ne peut l'attaquer, ſans s'attaquer à moy;
Si l'on punit ſa faute, il faut qu'on me puniſſe;
Si ſon regne finit, il faut que ie finiſſe;

Son destin & le mien marchent d'vn mesme pas;
Bref ses iours sont mes iours, sa mort est mon trespas;
Sauuez donc ce que i'ayme auec idolatrie,
Ie l'ay prié pour vous, & pour luy ie vous prie,
Il m'auroit escoutée, & vous deuez icy,
Regarder vostre fille, & l'escouter aussi.

TIRIDATE.

Il redit
cecy en
luy-mes-
me.

Si l'on punit sa faute, il faut qu'on me punisse!
Si son regne finit, il faut que ie finisse!
Son destin & le mien, marchent d'vn mesme pas!
Bref ses iours sont mes iours, sa mort est mon tres-
　　pas!
Ha! c'est trop, ie me rends, la raison me surmonte:
Parmy tant d'ennemis, elle seule me dompte:
On me verroit mourir, ainsi que i'ay vescu,
Si par eux seulement, ie me trouuois vaincu.
Et quelque soit le sort dont la rigueur me blesse,
Mon cœur sçauroit finir, sans aucune foiblesse,
Mais méprisant le Sceptre, & méprisant le iour,
Ie puis ceder sans honte, en cedant à l'amour.
Que le vulgaire parle, à mon desaduantage:
Le Ciel qui voit mes pleurs, voit aussi mon courage,
Il voit mon repentir, il connoist mon ennuy:
Enfin ie n'aime qu'elle, & ie ne crains que luy.
Mais qui pourroit tenir, contre tant de clemence?
Raison, reuiens à moy, ton regne recommence,

Tyranniques

Tiranniques tranſports, fureur, haine, courroux;
Ie ne vous ſuiuray plus, allez, retirez vous.
Confus, & repentant de ma faute paſſée,　　　*Il parle à*
Vn rayon de clarté s'eſleue en ma penſée;　　　*ſa femme*
Le bandeau m'eſt tombé, i'aperçoy mon erreur;
Mon crime s'offre à moy, i'en friſſonne d'horreur;
Ta vertu vainc mon vice, & pour ſa tirannie,
Mon ame a commencé d'eſtre deſia punie.
Plus ton affection ſignalle ſon pouuoir,
Plus tu parois fidelle, & plus tu me fais voir,
Par vne preuue claire autant qu'elle eſt inſigne,
Qu'vn Barbare Tyran, n'en fut iamais qu'indigne.
Non, non, ne m'aimes plus, l'honneur te le deffend,
Fais donner à ce cœur le treſpas qu'il attend;
Vange toy, punis moy de mon ingratitude;
Trouue (ſi tu le peux) vn ſuplice aſſez rude;
Irrite ta colere, afin de me punir;
Vois ce que la raiſon offre à ton ſouuenir,
Mon crime, ton amour, ma fureur, ta ſouffrance:
Vous Princes outragez auec tant d'inſolence,
Preſtez, preſtez la main à ſon iuſte courroux:
N'eſpargnez point mon ſang, vangez-la, vangez
　　vous:
Ie ſuis vn ennemy, qu'il faut qu'on aprehende;
Ma mort vous peut ſauuer, & ie vous la demande.

P

OROSMANE.

Non, non, ce repentir, nous satisfait assez :
Il efface mon fils, tous vos crimes passez,
Nous voulons partager, l'ennuy qui vous opresse ;
Nous vous aimons encor, auec tant de tendresse ......

TIRIDATE.

Il inter-
rompt
son beau-
pere.
Quoy, peut-on oublier les fautes que ie fis ?

OROSMANE.

Ouy, vous estes leur frere, & vous estes mon fils :

TIRIDATE.

Mon crime en est plus grand !

OROSMANE.

　　　　　Mais ce rang nous oblige
A soulager l'excez du mal qui vous afflige ;
Ils s'em-
brassent.
De grace embrassez nous, & faisons deformais,
Que ce dur souuenir ne reuienne iamais.

TIRIDATE.

O clemence infinie !

OROSMANE.

　　　　　O ioye incomparable !

TIGRANE.

O plaisir sans égal, pourueu qu'il soit durable!

POLIXENE.

Dieux qu'on vous doit d'encens!

PHARNABASE.

Ha Madame!

ORMENE.

Ha ma sœur!

TROILE.

Ne laissons rien d'amer auec cette douceur;
Souffrez-moy de mesler mes pleurs, auec vos lar-   Il parle à
   Tiridate.
   mes;
Ma sœur est en repos, & ie mets bas les armes;
Puis qu'elle est satisfaite, on me le voit aussi:

TIRIDATE.

Et ie benis le sort qui vous ameine icy.

POLIXENE.

Que ne vous dois-je point, cher & bien aimé frere?

TROILE.

Depeschons vn Courrier vers le Roy nostre pere,
Afin de l'aduertir de ce succez heureux:

TIRIDATE.

O genereuse sœur ! ô frere genereux!

TROILE.

Elle pre-　*Phraarte , & vos soldats , vous demandent leur*
sente.　　　　　*grace:*

TIRIDATE.

Plustost pour les payer, que faut-il que ie face ?
Leur crime m'a sauué, sans luy i'estois perdu:

OROSMANE.

Ciel, mon cœur te parloit, & tu l'as entendu!

PHRAARTE.

Il est à　*Si tout ce que i'ay faict, n'estoit pour vostre gloire,*
genoux.

TIRIDATE.

Non, ne r'apelle plus ma faute en ta memoire,
Oublions l'vn & l'autre : oseray-ie te voir ?

Dans la fin de ce vers il parle à sa femme.

ORMENE.

Vn cœur doit tout oser, quand il a tout pouuoir.

TIRIDATE.

Quoy ! tu pourrois m'aimer apres ma violence ?

ORMENE.

De tout ce qui s'est faict, ce seul doute m'offence :
Connoissez mieux Ormene, & quelle est son amour.

OROSMANE.

Vous à qui nous deuons, & le Sceptre, & le iour,
Est-il pour vos bienfaits, quelque reconnoissance ?

Il parle à Troile.

TROILE.

Les bonnes actions portent leur recompense ;
Et i'estois obligé de venir en ces lieux ;
Ne rendez point de grace, ou la rendez aux Dieux.

TIGRANE.

O toy dont le grand cœur rend la gloire eternelle,
Pourras tu bien toucher cette main criminelle ?
Ton genereux esprit la voit il sans effroy ?

Il parle à sa femme

POLIXENE.

Elle luy baise la main.

Ha! Seigneur, ce baiser vous répondra pour moy.

TIRIDATE.

Il parle à Phraarte

Partez, à l'heure mesme, & que l'armée entiere
Attende nouuel ordre, estant sur la frontiere;
Qu'on décampe Phraarte, & qu'on me laisse icy.

TROILE.

Il parle à vn des siens.

Que mes troupes demain, s'en retournent aussi.

OROSMANE.

Or puis qu'il plaist aux Dieux, de sauuer cette Terre,
Esteignons pour iamais, le flambeau de la guerre:
La paix est vn Tresor, que l'on doit bien garder:
Conseruons la mes fils, & faisons succeder
L'allegresse commune, à la douleur publique,
Et l'Amour raisonnable, à L'AMOVR TIRANNIQVE.

Fin du cinquiesme &
dernier Acte.

Priuilege du Roy.

LOVIS par la grace de Dieu Roy de France & de Nauarre, A nos amez & feaux Conseillers les Gens tenans nos Cours de Parlement, Maiſtres des Requeſtes ordinaires de noſtre Hoſtel, Baillifs, Seneſchaux, Preuoſts, leurs Lieutenans, & tous autres de nos Iuſticiers & Officiers qu'il appartiendra, Salut. Noſtre bien amé Auguſtin Courbé, Libraire à Paris, nous a fait remonſtrer qu'il deſireroit imprimer, *Vne Tragicomedie intitulée, L'Amour Tirannique, composée par le Sieur de Scudery*, s'il auoit ſur ce nos Lettres neceſſaires, leſquelles il nous a tres-humblement ſupplié de luy accorder : A CES CAVSES, Nous auons permis & permettons à l'expoſant d'imprimer, vendre & debiter en tous lieux de noſtre obeïſſance la Tragicomedie, en telles marges, en tels caracteres, & autant de fois qu'il voudra, durant l'eſpace de ſept ans entiers & accomplis, à compter du iour qu'elle ſera acheuée d'imprimer pour la premiere fois ; & faiſons tres-expreſſes defenſes à toutes perſonnes de quelque qualité & condition qu'elles ſoient, de l'imprimer, faire imprimer, vendre ny diſtribuer en aucun endroit de ce Royaume, durant ledit temps, ſous pretexte d'augmentation, correction, changement de tiltre, ou autrement, en quelque ſorte & maniere que ce ſoit, à peine de quinze cens liures d'amende, payables ſans deport par chacun des contreuenans, & applicables vn tiers à nous, vn tiers à l'Hoſtel-Dieu de Paris, & l'autre tiers à l'expoſant, de confiſcation des exemplaires contrefaits, & de tous deſpens, dommages & intereſts ; à condition qu'il

en fera mis deux exemplaires en noftre Bibliotheque publique, & vne en celle de noftre tres-cher & feal le Sieur
Seguier, Chancelier de France, auant que l'expofer en
vente, à peine de nullité des prefentes : du contenu def-
quelles nous vous mandons que vous faffiez iouïr plai-
nement & paifiblement l'expofant, & ceux qui auront
droiɛt d'iceluy, fans qu'il luy foit fait aucun trouble ny
empefchement. Voulons auffi qu'en mettant au com-
mencement ou à la fin du liure vn bref extraiɛt des prefentes, elles foient tenuës pour deüement fignifiées, & que
foy y foit adiouftée, & aux copies d'içelles collationnées
par l'vn de nos amez & feaux Confeillers & Secretaires,
comme à l'original. Mandons auffi au premier noftre
Huiffier ou Sergent fur ce requis, de faire pour l'execu-
tion des prefentes tous exploits neceffaires, fans demander autre permiffion : Car tel eft noftre plaifir, nonob-
ftant oppofitions ou appellations quelconques, & fans
prejudice d'icelles, clameur de Haro, chartre Normande,
& autres Lettres à ce contraires. Donné à Paris le vingt-
troifiefme de Feburier, l'an de grace mil fix cens trente-
neuf, & de noftre regne le vingt-neufiefme. Signé, Par
le Roy en fon Confeil, CONRART.

Les exemplaires ont efté fournis, ainfi qu'il eft porté
par le Priuilege.

Acheué d'imprimer le 2. iour de Feburier 1639.

www.ingramcontent.com/pod-product-compliance
Lightning Source LLC
Chambersburg PA
CBHW051739090426
42738CB00010B/2330

* 9 7 8 2 0 1 2 1 8 2 7 3 8 *